기탄급수한자

초등학생용
6급·6급Ⅱ 공용

6급

빨리따기

2과정

(사)한국어문회 주관 한국한자능력검정회 시행

※6급·6급Ⅱ 공용 6급은 ①, ②, ③과정 전 3권으로 구성되어 있습니다.

전국적으로 초, 중, 고 학생들에게 급수한자 열풍이 대단합니다.
2005년도 대학 수학 능력 시험부터 제2외국어 영역에 한문 과목이 추가되고, 한자 공인 급수 자격증에 대한 각종 특전이 부여됨에 따라 한자 교육에 가속도가 붙고 있습니다. 이러한 교육 환경에서 초등학생의 한자 학습에 대한 열풍은 자연스럽게 한자능력검정시험에까지 이어지고 있습니다.
이에 (주)기탄교육은 초등학생 전용 급수한자 학습지 《기탄급수한자 빨리따기》를 선보이게 되었습니다. 《기탄급수한자 빨리따기》는 초등학생의 수준에 알맞게 구성되어 더욱 쉽고 빠르게 원하는 급수를 취득할 수 있습니다. 이제 초등학생들의 한자능력검정시험 준비는 《기탄급수한자 빨리따기》로 시작하세요. 한자 학습의 목표를 정해 주어 학습 성취도가 높고, 공부하는 재미를 동시에 느낄 수 있습니다.

《기탄급수한자 빨리따기》 이런 점이 좋아요.

- 두꺼운 분량의 문제집이 아닌 각 급수별로 분권하여 학습 성취도가 높습니다.
- 출제 유형을 꼼꼼히 분석한 기출예상문제풀이로 시험 대비에 효과적입니다.
- 만화, 전래 동화, 수수께끼 등 다양한 학습법으로 지루하지 않게 공부합니다.

🐺 한자능력검정시험이란?

● 사단법인 한국어문회에서 주관하고 한국한자능력검정회가 시행하는 한자 활용능력 시험을 말합니다. 1992년 12월 9일 1회 시험이 시행되었고, 2001년 1월 1일 이후로 국가 공인자격시험(특급~3급Ⅱ)으로 치러지고 있습니다.

🐺 한자능력검정시험은 언제, 어떻게 치르나요?

● 한자능력검정시험은 공인급수(특급~3급Ⅱ)와 교육급수(4급~8급)로 나뉘어 실시합니다. 응시 자격은 연령, 성별, 학력 제한 없이 모든 급수에 응시할 수 있습니다. 기타 자세한 사항은 한국어문회 홈페이지(www.hanja.re.kr)를 참조하세요.

🐺 한자능력검정시험의 급수는 어떻게 나누어지나요?

● 한자능력검정시험은 공인급수와 교육급수로 나누어져 있으며, 8급에서 특급까지 배정되어 있습니다.

한자능력검정시험 급수 배정

급수		읽기	쓰기	수준 및 특성
공인급수	특급	5,978	3,500	국한혼용 고전을 불편 없이 읽고, 연구할 수 있는 수준 고급
	특급Ⅱ	4,918	2,355	국한혼용 고전을 불편 없이 읽고, 연구할 수 있는 수준 중급
	1급	3,500	2,005	국한혼용 고전을 불편 없이 읽고, 연구할 수 있는 수준 초급
	2급	2,355	1,817	상용한자를 활용하는 것은 물론 인명지명용 기초한자 활용 단계
	3급	1,817	1,000	고급 상용한자 활용의 중급 단계
	3급Ⅱ	1,500	750	고급 상용한자 활용의 초급 단계
교육급수	4급	1,000	500	중급 상용한자 활용의 고급 단계
	4급Ⅱ	750	400	중급 상용한자 활용의 중급 단계
	5급	500	300	중급 상용한자 활용의 초급 단계
	5급Ⅱ	400	225	중급 상용한자 활용의 초급 단계
	6급	300	150	기초 상용한자 활용의 고급 단계
	6급Ⅱ	225	50	기초 상용한자 활용의 중급 단계
	7급	150	0	기초 상용한자 활용의 초급 단계
	7급Ⅱ	100	0	기초 상용한자 활용의 초급 단계
	8급	50	0	한자 학습 동기 부여를 위한 급수

한자능력검정시험에는 어떤 문제가 나오나요?

● 급수별로 자세한 내용은 다음과 같습니다.

한자능력검정시험 급수별 출제 기준

구분	공인급수						교육급수								
	특급	특급Ⅱ	1급	2급	3급	3급Ⅱ	4급	4급Ⅱ	5급	5급Ⅱ	6급	6급Ⅱ	7급	7급Ⅱ	8급
읽기배정한자	5,978	4,918	3,500	2,355	1,817	1,500	1,000	750	500	400	300	225	150	100	50
쓰기배정한자	3,500	2,355	2,005	1,817	1,000	750	500	400	300	225	150	50	0	0	0
독음	45	45	50	45	45	45	32	35	35	35	33	32	32	22	24
훈음	27	27	32	27	27	27	22	22	23	23	22	29	30	30	24
장단음	10	10	10	5	5	5	3	0	0	0	0	0	0	0	0
반의어	10	10	10	10	10	10	3	3	3	3	3	2	2	2	0
완성형	10	10	15	10	10	10	5	5	4	4	3	2	2	2	0
부수	10	10	10	5	5	5	3	3	0	0	0	0	0	0	0
동의어	10	10	10	5	5	5	3	3	3	3	2	0	0	0	0
동음이의어	10	10	10	5	5	5	3	3	3	3	2	0	0	0	0
뜻풀이	5	5	10	5	5	5	3	3	3	3	2	2	2	2	0
약자	3	3	3	3	3	3	3	3	3	3	0	0	0	0	0
한자 쓰기	40	40	40	30	30	30	20	20	20	20	20	10	0	0	0
필순	0	0	0	0	0	0	0	0	3	3	3	3	2	2	2
한문	20	20	0	0	0	0	0	0	0	0	0	0	0	0	0

※쓰기 배정 한자는 한두 급수 아래의 읽기 배정 한자이거나 그 범위 내에 있습니다.
※출제 기준표는 기본 지침 자료로서, 출제자의 의도에 따라 차이가 있을 수 있습니다.

한자능력검정시험 합격 기준

구분	공인급수						교육급수								
	특급	특급Ⅱ	1급	2급	3급	3급Ⅱ	4급	4급Ⅱ	5급	5급Ⅱ	6급	6급Ⅱ	7급	7급Ⅱ	8급
출제문항	200	200	150				100				90	80	70	60	50
합격문항	160	160	105				70				63	56	49	42	35
시험시간	100분	90분	60분				50분								

※특급·특급Ⅱ·1급은 출제 문항의 80% 이상, 2급~8급은 70% 이상 득점하면 합격입니다.

한자능력검정시험에 합격하면 어떤 좋은 점이 있나요?

● 특급~3급Ⅱ를 취득하면 국가 공인 자격증으로서 관련 국가자격을 규정하고 있는 법령에 의하여 국가자격 취득자와 동등한 대우 및 혜택이 주어집니다.
● 대학 입시 수시 모집 및 특기자 전형에 지원이 가능합니다.
● 대학 입시 면접에 가산점 부여 및 졸업 인증, 학점 반영 등 혜택이 주어집니다.
● 기업체의 입사·승진·인사 고과에 반영됩니다.

6급·6급Ⅱ 신출 한자 150자를
①, ②, ③과정으로 분권하여 구
성하였습니다. 두꺼운 분량의
책으로 공부할 때보다 학습자의
성취감을 높여 줍니다.

자원
한자가 만들어지는 과정을 통해
한자를 기억하는데 도움을 줍니다.

그림
한자의 훈(뜻)에
해당하는 개념을
그림으로 표현하여
쉽게 이해하도록
합니다.

쓰기
한자 따라 쓰기,
훈음 쓰기 등의
과정을 통해
한자의 3요소를
완전 학습하도록
합니다.

부수 및 필순
한자의 기본이 되는
부수를 익히고,
한자를 바르게 쓸
수 있도록 필순을
제시하였습니다.

어휘
다른 자와 결합된 한자어를 학습하여
어휘력을 높이도록 하였습니다.

도입

6급·6급Ⅱ 신출 한자를 가나다 순으로
정리하여 그림과 함께 소개합니다.

만화로 한자를

앞서 익힌 한자를 만화를
통하여 흥미롭게 복습합니다.

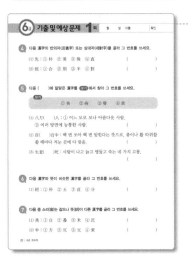

기출 및 예상 문제

시험에 출제되었던 문제와 예상
문제를 통하여 실력을 다집니다.

한자로 배우는 속담 이야기

한자로 표현된 속담을 만화를
통하여 재미있게 학습합니다.

부록

7급·7급Ⅱ 한자 100자를 복습합니다.

모의 한자능력검정시험

실제 시험 출제 유형과 똑같은
모의 한자능력검정시험 3회를 통하여
실전 감각을 높일 수 있습니다.

답안지

실제 시험과 똑같은 모양의
답안 작성 연습으로 답안 작성 시
실수를 줄일 수 있습니다.

角(각) ❶-8
①과정 8쪽

6급 ②과정 한자능력검정시험

 美 아름다울 미

 反 돌이킬/돌아올 반

 班 나눌 반

 放 놓을 방

 別 다를/나눌 별

朴 성 박

 半 반 반

 發 필 발

 番 차례 번

 病 병 병

羊 + 大 = 美

양 양　　　큰 대

한 사람(大)이 머리에 양(羊)의 뿔이나 새의 깃털과 같은 장식물을
꽂고 있는 모습에서 **아름답다**를 뜻합니다.

훈 **아름다울** 음 **미**　羊부수 (총 9획)　美 美 美 美 美 美 美 美 美

❖ 순서에 맞게 美를 쓰고 훈과 음을 쓰세요.

美	美	美	美	美
아름다울 미	아름다울 미	아름다울 미	아름다울 미	아름다울 미
美	美	美	美	美

・ ☐女 (미녀) : 얼굴이 아름다운 여자.　　　　　　　　　　　　(女 : 계집 녀)

・ ☐食家 (미식가) : 좋은 음식을 찾아 먹는 것을 즐기는 사람.　　　(食 : 먹을 식)

　　　　　　　　　　　　　　　　　　　　　　　　　　　　(家 : 집 가)

・八方美人 (팔방미인) : ① 어느 모로 보나 아름다운 사람.　② 여러 방면에 능통한 사람.

　　　　　　　　　　　　　　　　　　(八 : 여덟 팔　方 : 모 방　人 : 사람 인)

木 + 卜 = 朴

나무 목 　　 점 복

뜻을 나타내는 木(나무 목)과 음을 나타내는 卜(점 복)이 합쳐진 글자로,
나무(木) 껍질이 갈라져(卜) 자연 그대로라는 데서 **순박하다**를 뜻합니다.

훈 **성** 음 **박**　　木부수 (총 6획)　　　　朴 朴 朴 朴 朴 朴

❖ 순서에 맞게 朴을 쓰고 훈과 음을 쓰세요.

朴	朴	朴	朴	朴
성 박	성 박	성 박	성 박	성 박
朴	朴	朴	朴	朴

· ☐ 氏 (박씨) : 성씨의 하나.　　　　　　　　　　　　(氏 : 성씨 씨)

· 素 ☐ (소박) : 꾸밈이나 거짓이 없고 수수함.　　　(素 : 본디/흴 소)

反

厂 + 又 = 反

기슭 엄   또 우

손을 나타내는 又(또 우)와 언덕의 비탈진 경사를 표현한 厂(기슭 엄)을 합해, 손으로 비탈진 언덕을 거슬러 오른다는 데서 **돌이키다**를 뜻합니다.

훈 **돌이킬/돌아올** 음 **반**   又부수 (총 4획)   反 反 反 反

❖ 순서에 맞게 反을 쓰고 훈과 음을 쓰세요.

反	反	反	反	反
돌이킬/돌아올 반	돌이킬/돌아올 반	돌이킬/돌아올 반	돌이킬/돌아올 반	돌이킬/돌아올 반
反	反	反	反	反

- ☐ **感** (반감) : 반대하거나 반항하는 감정.   (感 : 느낄 감)

- ☐ **對** (반대) : 어떤 행동이나 견해, 제안 따위에 따르지 아니하고 맞서 거스름. (對 : 대할 대)

- **동음이의어 – 半** (반 반) **班** (나눌 반)

월   일 이름   │확인

牛 + 八 = 半
소 우   여덟(나눌) 팔

소(牛)를 잡아 반으로 나눈다는(八) 데서 **반**을 뜻합니다.

| 훈 **반** 음 **반** | 十부수 (총 5획) | 半 半 半 半 半 |

❖ 순서에 맞게 半을 쓰고 훈과 음을 쓰세요.

半	半	半	半	半
반 반	반 반	반 반	반 반	반 반
半	半	半	半	半

- ☐ 萬年 (반만년) : 만년의 반 곧 오천 년.   (萬 : 일만 만)(年 : 해 년)

- ☐ 球 (반구) : ① 구의 절반. ② 지구면을 두 쪽으로 나눈 한 부분.   (球 : 공 구)

- **동음이의어** – 反 (돌이킬/돌아올 반) 班 (나눌 반)

班

玉 + 刂 + 玉 = 班

구슬 옥 　　칼 도 　　구슬 옥

두 개의 옥(珏, 쌍옥 각)을 칼(刂)로 나누어 가진다는 데서 **나누다**를 뜻합니다.

훈 **나눌** 음 **반** 　　玉부수 (총 10획)

班 班 班 班 班 班 班 班 班 班

❖ 순서에 맞게 班을 쓰고 훈과 음을 쓰세요.

班	班	班	班	班
나눌 반	나눌 반	나눌 반	나눌 반	나눌 반
班	班	班	班	班

· [　]長 (반장) : 반을 대표하여 일을 맡아보는 사람. 　　　　(長 : 긴 장)

· 合[　] (합반) : 두 학급 이상이 합침. 　　　　(合 : 합할 합)

· 유의어 – 分 (나눌 분) 別 (다를/나눌 별) 　　· 상대 반의어 – 合 (합할 합)

半 반 반

그게 웬 거냐?

멧돼집니다. 잡았지요!

보람찬 하루일을 ♫

그 위험한 맹수 멧돼지를 너희들이 잡았다고?

물론 사투(죽을 힘을 다해서 싸움)를 벌였지요.

몽둥이를 들고 죽고 쫓으며...

네~ 이놈들!

벼락치는 소리다!

으악!

내가 멧돼지하고 집돼지를 구분 못 할줄 아느냐?

따 다닥!

뒷산에서 놀고 있기래 멧돼지인줄 알았다니깐요.

어쨌든 주인에게 돌려주고 오너라!

半 뚝 잘라서 훈장님 드릴 테니 못 본 척 해 줘요.

맞아요.

스승을 공범으로 만들겠다고?

매를 두 배로 버는구나!

찰싹!

찰싹!

찰싹

찰싹

發

癶 + 弓 = 發

짓밟을 발   활 궁

癶(짓밟을 발)과 弓(활 궁)이 합쳐진 글자로, 발과 손으로 풀을 헤치고 밟으면서(癶) 활(弓)을 **쏜다**는 뜻입니다.

훈 **필** 음 **발**

〜부수 (총 12획) 發 發 發 發 發 發 發 發 發 發 發 發

❖ 순서에 맞게 發을 쓰고 훈과 음을 쓰세요.

發	發	發	發	發
필 발	필 발	필 발	필 발	필 발
發	發	發	發	發

· ⬜光 **(발광)** : 빛을 냄.   (光 : 빛 광)

· 出⬜ **(출발)** : 목적지를 향하여 나아감.   (出 : 날 출)

· 百發百中 **(백발백중)** : 백 번 쏘아 백 번 맞힌다는 뜻으로, 총이나 활 따위를 쏠 때마다 겨눈
곳에 다 맞음.   (百 : 일백 백   中 : 가운데 중)

훈 **놓을** 음 **방**

모 방　　　　칠 복

회초리로 치면서(攴) 먼 곳(方)으로 내쫓거나 놓아 준다는 데서 **놓다**를 뜻합니다.

攵(攴)부수 (총 8획)　　　放 放 放 放 放 放 放 放

❖ 순서에 맞게 放을 쓰고 훈과 음을 쓰세요.

放	放	放	放	放
놓을 방	놓을 방	놓을 방	놓을 방	놓을 방
放	放	放	放	放

- ☐ **火** (방화) : 일부러 불을 지름.　　　　　　　　　　　(火 : 불 화)

- ☐ **心** (방심) : 마음을 다잡지 아니하고 풀어 놓아 버림.　　　(心 : 마음 심)

- **동음이의어** – 方 (모 방)

番

采 + 田 = 番

캘 채   밭 전

짐승의 발바닥 모습을 본뜬 글자로, 짐승이 밭(田)을 파헤친(采) 자국이 차례로 나 있다는 데서 **차례**를 뜻합니다.

훈 **차례** 음 **번**

田부수 (총 12획) 番 番 番 番 番 番 番 番 番 番 番 番

❖ 순서에 맞게 番을 쓰고 훈과 음을 쓰세요.

番	番	番	番	番
차례 번	차례 번	차례 번	차례 번	차례 번
番	番	番	番	番

- ☐號 (번호) : 차례를 나타내거나 식별하기 위해 붙이는 숫자.   (號 : 이름 호)

- 軍☐ (군번) : 군인 개인마다 주어지는 고유 번호.   (軍 : 군사 군)

- 유의어 – 第 (차례 제)

別

兒 + 刂 = 別

뼈에 살이 붙어 있는 모양   칼 도

칼(刂)로 살과 뼈를 분리시키는 모습에서 **다르다, 나누다**를 뜻합니다.

훈 **다를/나눌** 음 **별**   刂(刀)부수 (총 7획)

別 別 別 別 別 別 別

❖ 순서에 맞게 別을 쓰고 훈과 음을 쓰세요.

別	別	別	別	別
다를/나눌 별	다를/나눌 별	다를/나눌 별	다를/나눌 별	다를/나눌 별
別	別	別	別	別

· ☐名 **(별명)** : 사람의 외모나 성격 따위의 특징을 바탕으로 남들이 지어 부르는 이름.

(名 : 이름 명)

· 區☐ **(구별)** : 성질이나 종류에 따라 차이가 남.   (區 : 구분할/지경 구)

· 유의어 – 分 (나눌 분) 班 (나눌 반)   · 상대 반의어 – 合 (합할 합)

病 广 + 丙 = 病
병들 녁   남녘 병

뜻을 나타내는 广(병들 녁)과 음을 나타내는 丙(남녘 병)이 합쳐진 글자로,
한 사람이 침상 위에 누워 땀을 흘리고 있는 모습에서 **병**을 뜻합니다.

훈 **병** 음 **병**   广 부수 (총 10획)   病 病 病 病 病 病 病 病 病 病

❖ 순서에 맞게 病을 쓰고 훈과 음을 쓰세요.

病	病	病	病	病
병 병	병 병	병 병	병 병	병 병
病	病	病	病	病

- ☐ 者 **(병자)** : 병을 앓고 있는 사람. (者 : 놈 자)

- ☐ 室 **(병실)** : 병을 치료하기 위하여 환자가 거처하는 방. (室 : 집 실)

- 生老病死 **(생로병사)** : 사람이 나고 늙고 병들고 죽는 네 가지 고통.
  (生 : 날 생 老 : 늙을 로 死 : 죽을 사)

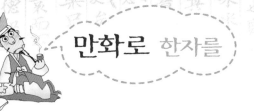

만화로 한자를

病 병 병

요즘 지저분하게 하고 다니는 학동들이 많다 하니 위생 검사를 하겠다!

으악!

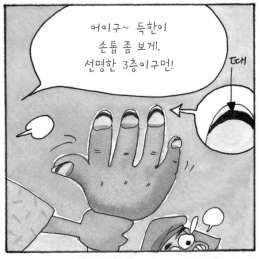

어이구~ 득한이 손톱 좀 보게. 선명한 3층이구먼!

때

방개 녀석 발은 까마귀가 형님~ 형님~ 하면서 따라다니겠다, 이것아!

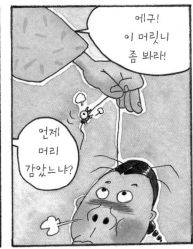

에구! 이 머릿니 좀 봐라!

언제 머리 감았느냐?

넌 배에 물 묻혀 본 게 언제냐?

지난 여름 멱감을 때쥬 뭐!

이렇게 더럽게 하고 다니면 病에 걸리지. 그럼 좋겠느냐?

아~

저희들은 안 씻어서 病 걸릴 일은 없거든요.

근데 책만 잡으면 두 눈이 감기는 게 무슨 病일까요?

스르르

휘청

퍽

툭!

1 다음 밑줄 친 漢字語의 讀音을 쓰세요.

(1) 병원에 있는 친구에게 <u>問病</u>을 다녀왔다.   (   )

(2) 쌍둥이라 <u>區別</u>하기가 어렵다.   (   )

(3) 그녀는 <u>美人</u> 대회에 출전했다.   (   )

(4) 신제품이 <u>開發</u>되었다.   (   )

(5) 밤중에 <u>放火</u>로 인한 사건이 일어났다.   (   )

(6) <u>半月</u>이 하늘 높이 떠 있다.   (   )

(7) 은사께서 지병으로 <u>別世</u>하였다.   (   )

(8) 그는 <u>美食家</u>로 소문났다.   (   )

(9) 화재가 <u>發生</u>하지 않도록 조심해야 한다.   (   )

(10) 두 반이 <u>合班</u>하여 운동을 하였다.   (   )

(11) 한때 <u>反共</u>을 국시로 삼은 적이 있었다.   (   )

(12) 선생님이 수험 <u>番號</u>가 적힌 종이를 나누어 주었다. (   )

(13) 에디슨은 전구를 <u>發明</u>했다.   (   )

(14) 우리는 그 의견에 <u>反對</u>했다.   (   )

(15) 그 의사는 <u>病者</u>를 잘 돌본다.   (   )

2 다음 漢字의 訓과 音을 쓰세요.

(1) 班 (　　　　　)　　　(2) 朴 (　　　　　)

(3) 美 (　　　　　)　　　(4) 放 (　　　　　)

(5) 別 (　　　　　)　　　(6) 半 (　　　　　)

(7) 番 (　　　　　)　　　(8) 病 (　　　　　)

(9) 發 (　　　　　)　　　(10) 反 (　　　　　)

3 다음 밑줄 친 漢字語를 漢字로 쓰세요.

(1) 방학을 맞아 외갓집에 내려갔다.　　　　(　　　　　)

(2) 우리 반 반장은 언제나 솔선수범한다.　　(　　　　　)

(3) 우리나라는 반만년 역사를 자랑한다.　　(　　　　　)

(4) 그 선생님은 호랑이라는 별명으로 불렸다.　(　　　　　)

(5) 그녀는 우리나라를 대표하는 미녀이다.　(　　　　　)

(6) 그 군인의 군번을 물었다.　　　　　　(　　　　　)

(7) 상대를 너무 비방하면 반감을 살 수 있다.　(　　　　　)

(8) 자동차가 서울로 출발했다.　　　　　　(　　　　　)

(9) 병실에 누워있는 친구에게 갔다.　　　　(　　　　　)

(10) 방심하다가는 큰코다친다.　　　　　　(　　　　　)

4 다음 漢字의 반의자(反義字) 또는 상대자(相對字)를 골라 그 번호를 쓰세요.

(1) 先 : ① 朴　② 美　③ 後　④ 直　　　　　　　(　　　　　)

(2) 班 : ① 合　② 別　③ 半　④ 對　　　　　　　(　　　　　)

5 다음 (　　) 에 알맞은 漢字를 보기 에서 찾아 그 번호를 쓰세요.

> **보기**
>
> ① 美　　② 病　　③ 發　　④ 放

(1) 八方(　　)人 : ① 어느 모로 보나 아름다운 사람.
　② 여러 방면에 능통한 사람.　　　　　　(　　　　　)

(2) 百(　　)百中 : 백 번 쏘아 백 번 맞힌다는 뜻으로, 총이나 활 따위를
쏠 때마다 겨눈 곳에 다 맞음.　　　　　(　　　　　)

(3) 生老(　　)死 : 사람이 나고 늙고 병들고 죽는 네 가지 고통.
　　　　　　　　　　　　　　　　　(　　　　　)

6 다음 漢字와 뜻이 비슷한 漢字를 골라 그 번호를 쓰세요.

(1) 班 : ① 朴　② 王　③ 直　④ 分　　　　　　　(　　　　　)

7 다음 중 소리(音)는 같으나 뜻(訓)이 다른 漢字를 골라 그 번호를 쓰세요.

(1) 美 : ① 白　② 番　③ 米　④ 民　　　　　　　(　　　　　)

(2) 半 : ① 方　② 反　③ 父　④ 來　　　　　　　(　　　　　)

8 다음 뜻과 소리를 가진 단어를 漢字로 쓰세요.

> **보기**
>
> 몸무게.(체중) − (體重)

(1) 빛을 냄.(발광)　　　　　　　　　　　　　(　　　　　　　)

(2) 앓는 사람을 찾아가 위로함.(문병)　　　　(　　　　　　　)

9 다음 漢字의 짙게 표시한 획은 몇 번째 쓰는 획인지 **보기** 에서 찾아 그 번호를 쓰세요.

> **보기**
>
> ① 첫 번째　　② 두 번째　　③ 세 번째　　④ 네 번째
> ⑤ 다섯 번째　⑥ 여섯 번째　⑦ 일곱 번째　⑧ 여덟 번째
> ⑨ 아홉 번째　⑩ 열 번째　　⑪ 열한 번째　⑫ 열두 번째

(1) 反 (　　　　)　　(2) 別 (　　　　)

(3) 發 (　　　　)

◯ 한자로 표현된 속담을 익혀 보세요.

吾鼻三尺 (오비삼척)이라

내 코가 석 자.

아, 더워.
자외선은 피부에 안 좋은데….

→ 공주병

근데 우식이는
매너가 영 빵점이야.

남들은
여자애들
배낭 잘만
들어주는데….

보면 몰라?
나도 내 코가 석 자야!

혹시 굶을까 봐
밥하는 도구까지
다 싸왔대.

어디 놀러
가 본 적도 없나 봐!

吾:나 오   鼻:코 비   三:석 삼   尺:자 척

 服 옷 복

 本 근본 본

 部 떼 부

 分 나눌 분

 社 모일 사

 使 하여금/부릴 사

 死 죽을 사

 書 글 서

 石 돌 석

 席 자리 석

服

$月 + 反 = 服$

고기 육(=肉)   다스릴 복

몸(月)을 다스려(反) 보호한다는 데서 **옷, 옷을 입다**를 뜻합니다.

훈 **옷** 음 **복**   月부수 (총 8획)

服 服 服 服 服 服 服 服

❖ 순서에 맞게 服을 쓰고 훈과 음을 쓰세요.

服	服	服	服	服
옷 복	옷 복	옷 복	옷 복	옷 복
服	服	服	服	服

· 校 ☐ (교복) : 학교에서 학생들이 입도록 정한 제복.   (校 : 학교 교)

· 韓 ☐ (한복) : 우리나라의 고유한 옷.   (韓 : 한국/나라 한)

· 유의어 - 衣 (옷 의)

本

한 그루의 나무 뿌리 부분에 점을 찍어 그곳이 뿌리가 있는 곳임을 가리켜 **근본**, **기초**를 뜻합니다.

훈 **근본** 음 **본** | 木부수 (총 5획) | 本 本 本 本 本

❖ 순서에 맞게 本을 쓰고 훈과 음을 쓰세요.

本	本	本	本	本
근본 본	근본 본	근본 본	근본 본	근본 본
本	本	本	本	本

- ☐ **色** (본색) : 본디의 빛깔이나 생김새.   (色 : 빛 색)

- ☐ **然** (본연) : 인공을 가하지 아니한 본디 그대로의 자연.   (然 : 그럴 연)

- 유의어 – 根 (뿌리 근)

훔 + 阝 = 部

가를 부 　　우부방(고을 읍)

여러 고을(阝)을 나누어(훔) 다스린다는 데서 **거느리다, 떼**를 뜻합니다.

훈 **떼** 음 **부** 　　 阝(邑)부수 (총 11획) 　 部 部 部 部 部 部 部 部 部

❖ 순서에 맞게 部를 쓰고 훈과 음을 쓰세요.

部	部	部	部	部
떼 부	떼 부	떼 부	떼 부	떼 부
部	部	部	部	部

· 外 ☐ (외부) : 바깥 부분. 　　　　　　　　　　　　　 (外 : 바깥 외)

· ☐ 長 (부장) : 기관이나 조직에서 한 부를 맡아 다스리는 직위. 또는 그 직위에 있는 사람.

　　　　　　　　　　　　　　　　　　　　　　　　　 (長 : 긴 장)

· **동음이의어** – 父 (아비 부) 夫 (지아비 부)

훈 **나눌** 음 **분**　　刀부수 (총 4획)

分 分 分 分

칼(刀)로 물건을 잘라 두 쪽으로 나눈다는(八) 데서 **나누다**를 뜻합니다.

❖ 순서에 맞게 分을 쓰고 훈과 음을 쓰세요.

分	分	分	分	分
나눌 분	나눌 분	나눌 분	나눌 분	나눌 분
分	分	分	分	分

- [　] 校 (분교) : 본교와 떨어진 다른 지역에 따로 세운 학교.　　　(校 : 학교 교)

- 區 [　] (구분) : 일정한 기준에 따라 전체를 몇 개로 갈라 나눔.　(區 : 구분할/지경 구)

- 유의어 – 班 (나눌 반) 別 (다를/나눌 별)　　• 상대 반의어 – 合 (합할 합)

社

示 + 土 = 社

보일 시(제단 모양)   흙 토

토지(土)의 신에게 제사(示)를 지내기 위해 많은 사람이 모인다는 데서
모이다를 뜻합니다.

훈 **모일** 음 **사**   示부수 (총 8획)   社 社 社 社 社 社 社 社

❖ 순서에 맞게 社를 쓰고 훈과 음을 쓰세요.

社	社	社	社	社
모일 사	모일 사	모일 사	모일 사	모일 사
社	社	社	社	社

- ☐ 長 (사장) : 회사의 책임자.   (長 : 긴 장)

- ☐ 訓 (사훈) : 사원이 지켜야 할 회사의 방침.   (訓 : 가르칠 훈)

- 유의어 – 會 (모일 회) 集 (모을 집)

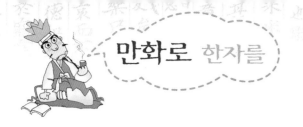

万화로 한자를

服 옷 복

오늘 수업은 여기까지.

내일은 윗마을 운곡서당과 운동회가 있는 날이니,

다들 간편한 옷을 입고 오도록 하여라.

훈장님도 참… 지금 시대에 여러 가지 옷이 어디 있습니까?

소매하고 바짓단을 끈으로 동여매면 사냥服!

웃통만 벗으면 체육服!

홀딱 벗으면 그대로 수영服이지요.

너희 말이 옳다!

그런데 왜 옷을 진창에 넣고 밟느냐?

색다른 옷이 필요한 놀이거든요.

각설이 놀이服이라는 거예요.

가끔 해요.

한푼 줍쇼~ 네~ 얼~씨구씨구 들어간~다

亻 + 吏 = 使

사람 인   벼슬아치 리

윗사람(亻)이 아래 관리(吏)에게 일을 시킨다는 데서 **부리다**를 뜻합니다.

훈 하여금/부릴 음 사   亻(人)부수 (총 8획)   使 使 使 使 使 使 使

❖ 순서에 맞게 使를 쓰고 훈과 음을 쓰세요.

使	使	使	使	使
하여금/부릴 사	하여금/부릴 사	하여금/부릴 사	하여금/부릴 사	하여금/부릴 사
使	使	使	使	使

- ☐ **者** (사자) : 명령이나 부탁을 받고 심부름하는 사람.   (者 : 놈 자)

- ☐ **用** (사용) : 일정한 목적이나 기능에 맞게 씀.   (用 : 쓸 용)

- **동음이의어** – 四 (넉 사) 事 (일 사) 社 (모일 사) 死 (죽을 사)

死

歹 + 匕 = 死

뼈 알 비수 비

죽은 사람의 뼈(歹) 앞에 사람이 꿇어 앉아(匕) 슬퍼하는 모습에서
죽다를 뜻합니다.

훈 **죽을** 음 **사** 　歹부수 (총 6획) 　死 死 死 死 死 死

❖ 순서에 맞게 死를 쓰고 훈과 음을 쓰세요.

死	死	死	死	死
죽을 사	죽을 사	죽을 사	죽을 사	죽을 사
死	死	死	死	死

- ☐ 藥 (사약) : 먹으면 죽는 약. 　　　　　　　　　　　　 (藥 : 약 약)

- 九 ☐ 一生 (구사일생) : 죽을 고비를 여러 차례 넘기고 겨우 살아남.
　　　　　　　　　　　　 (九 : 아홉 구 一 : 한 일 生 : 날 생)

- 상대 반의어 – 生 (날 생) 活 (살 활)

書

聿 + 曰 = 書

붓 율   가로 왈

성인의 말씀(曰)을 붓(聿)으로 적은 것이라는 데서 **글, 쓰다**를 뜻합니다.

훈 글 음 서   曰부수 (총 10획)

書書書書書書書書書書

❖ 순서에 맞게 書를 쓰고 훈과 음을 쓰세요.

書	書	書	書	書
글 서	글 서	글 서	글 서	글 서
書	書	書	書	書

• ☐ 堂 (서당) : 글방. 예전에, 한문을 사사로이 가르치던 곳.   (堂 : 집 당)

• 白面 ☐ 生 (백면서생) : 글만 읽고 세상일에는 전혀 경험이 없는 사람.

(白 : 흰 백 面 : 낯 면 生 : 날 생)

• 유의어 – 章 (글 장) 文 (글월 문)

石 ➡ 厂石 ➡ 石

언덕 밑에 있는 **돌** 모양을 본뜬 한자입니다.

훈 **돌** 음 **석** 石부수 (총 5획)

石 石 石 石 石

❖ 순서에 맞게 石을 쓰고 훈과 음을 쓰세요.

石	石	石	石	石
돌 석	돌 석	돌 석	돌 석	돌 석
石	石	石	石	石

- ☐ 工 **(석공)** : 돌을 다루어 물건을 만드는 사람. (工 : 장인 공)

- ☐ 油 **(석유)** : 땅속에서 천연으로 나는, 가연성 기름. (油 : 기름 유)

- 電光石火 **(전광석화)** : 번갯불이나 부싯돌의 불이 번쩍이는 것과 같이 매우 짧은 시간이나 재빠른 움직임 따위를 비유. (電 : 번개 전 光 : 빛 광 火 : 불 화)

월   일   이름   확인

庶 + 巾 = 席
여러 서   수건 건

뜻을 나타내는 巾(수건 건)과 음을 나타내는 庶(여러 서)가 합쳐진 글자로, **자리**를 뜻합니다.

훈 **자리** 음 **석**   巾부수 (총 10획)   席席席席席席席席席席

❖ 순서에 맞게 席을 쓰고 훈과 음을 쓰세요.

席	席	席	席	席
자리 석	자리 석	자리 석	자리 석	자리 석
席	席	席	席	席

· 出 ☐ **(출석)** : 어떤 자리에 나아가 참석함.   (出 : 날 출)

· 立 ☐ **(입석)** : 열차, 버스, 극장 등에서 지정된 자리가 없어 서서 타거나 구경하는 자리.
                                                      (立 : 설 립)

· 동음이의어 – 夕 (저녁 석) 石 (돌 석)

石 돌 석

어제 윗마을 운곡서당에 갔더니 말이다.

우리의 영원한 라이벌이죠.

커다란 돌을 가져다 간판을 그럴 듯하게 세워 놓았더구나.

雲谷書堂
← 100보

그렇다면 우리도 뒤질 수 없지요.

이건 자존심 문제죠!

훈장님, 잠시만 기다리세요.

참을 수 없다!

"후다닥"

에휴~ 괜한 말을 해서 농땡이 피울 구실만 만들어 주었구나.

역시나 한나절 넘도록 놀다가 이제야 들어오는구나!

영차 영차

저 경을 칠 녀석들! 누구네 무덤에서 상石과 비石을 캐오는 게냐!

쿵지막한 걸로 해 오느라 늦었읍니다요 훈장님!

1 다음 밑줄 친 漢字語의 讀音을 쓰세요.

(1) 校服을 입은 학생들이 등교합니다. 　　　　(　　　　)

(2) 이 건물 바닥은 大理石으로 꾸며졌다. 　　　　(　　　　)

(3) 맡은 바 使命을 다하다. 　　　　(　　　　)

(4) 사람은 자기 分數를 알아야 한다. 　　　　(　　　　)

(5) 그 외국인이 本國으로 돌아갔다. 　　　　(　　　　)

(6) 수익금이 불우 이웃 돕기에 使用되었다. 　　　　(　　　　)

(7) 말소리가 分明하게 들렸다. 　　　　(　　　　)

(8) 토론자의 말을 書記가 열심히 적고 있다. 　　　　(　　　　)

(9) 신입 사원에게 회사의 社訓을 설명했다. 　　　　(　　　　)

(10) 立席으로 세 시간 동안 선 채로 열차를 탔다. (　　　　)

(11) 죄인이 死藥을 마셨다. 　　　　(　　　　)

(12) 이 글의 마지막 部分에 요지가 들어있다. 　　　　(　　　　)

(13) 중동에는 石油가 많이 난다. 　　　　(　　　　)

(14) 그는 모임에 아내와 同席했다. 　　　　(　　　　)

(15) 가을은 讀書하기에 좋은 계절이다. 　　　　(　　　　)

2 다음 漢字의 訓과 音을 쓰세요.

(1) 社 (　　　　　) 　　　(2) 部 (　　　　　)

(3) 席 (　　　　　) 　　　(4) 書 (　　　　　)

(5) 分 (　　　　　) 　　　(6) 服 (　　　　　)

(7) 死 (　　　　　) 　　　(8) 石 (　　　　　)

(9) 本 (　　　　　) 　　　(10) 使 (　　　　　)

3 다음 밑줄 친 漢字語를 漢字로 쓰세요.

(1) 그 회사 사장은 부하 직원을 매우 아낀다.　　　(　　　　　)

(2) 한복을 곱게 차려입고 부모님께 세배했다.　　　(　　　　　)

(3) 그는 천사와 같은 아름다운 마음씨를 지녔다.　　　(　　　　　)

(4) 외부의 침략으로부터 나라를 지켰다.　　　(　　　　　)

(5) 방학 때 서당에서 한문을 배웠다.　　　(　　　　　)

(6) 근본적인 대책을 세워야 한다.　　　(　　　　　)

(7) 이 탑은 뛰어난 석공의 노력이 엿보인다.　　　(　　　　　)

(8) 기숙사에는 남녀의 방이 구분되었다.　　　(　　　　　)

(9) 담임선생님이 출석을 부르셨다.　　　(　　　　　)

(10) 그는 생사를 같이한 친구이다.　　　(　　　　　)

4 다음 漢字의 반의자(反義字) 또는 상대자(相對字)를 골라 그 번호를 쓰세요.

(1) 分 : ① 今　② 合　③ 方　④ 本　　　　　　　　(　　　　)

(2) 死 : ① 命　② 部　③ 前　④ 生　　　　　　　　(　　　　)

5 다음 (　)에 알맞은 漢字를 보기 에서 찾아 그 번호를 쓰세요.

> 보기
>
> ① 光　　② 先　　③ 死　　④ 書

(1) 九(　)一生 : 죽을 고비를 여러 차례 넘기고 겨우 살아남.

　　　　　　　　　　　　　　　　　　(　　　　)

(2) 白面(　)生 : 글만 읽고 세상일에는 전혀 경험이 없는 사람.

　　　　　　　　　　　　　　　　　　(　　　　)

6 다음 漢字와 뜻이 비슷한 漢字를 골라 그 번호를 쓰세요.

(1) 社 : ① 使　② 苦　③ 長　④ 會　　　　　　　　(　　　　)

(2) 服 : ① 本　② 部　③ 衣　④ 敎　　　　　　　　(　　　　)

(3) 書 : ① 文　② 畫　③ 席　④ 社　　　　　　　　(　　　　)

7 다음 중 소리(音)는 같으나 뜻(訓)이 다른 漢字를 골라 그 번호를 쓰세요.

(1) 部 : ① 車　② 夫　③ 分　④ 放　　　　　　　　(　　　　)

(2) 石 : ① 百　② 木　③ 水　④ 席　　　　　　　　(　　　　)

(3) 使 : ① 四　② 面　③ 山　④ 市　　　　　　　　(　　　　)

8 다음 뜻과 소리를 가진 단어를 漢字로 쓰세요.

> **보기**
>
> 몸무게.(체중) – (體重)

(1) 바깥 부분.(외부)　　　　　　　　　　　(　　　　　)

(2) 돌을 다루어 물건을 만드는 사람.(석공)　(　　　　　)

9 다음 漢字의 짙게 표시한 획은 몇 번째 쓰는 획인지 **보기** 에서 찾아 그 번호를 쓰세요.

> **보기**
>
> ① 첫 번째　　② 두 번째　　③ 세 번째　　④ 네 번째
> ⑤ 다섯 번째　⑥ 여섯 번째　⑦ 일곱 번째　⑧ 여덟 번째
> ⑨ 아홉 번째　⑩ 열 번째　　⑪ 열한 번째　⑫ 열두 번째

(1) 服 (　　　)　　(2) 部 (　　　)

(3) 席 (　　　)

◉ 한자로 표현된 속담을 익혀 보세요.

鯨戰蝦死 (경전하사)라

고래 싸움에 새우 등 터진다.

鯨 : 고래 경   戰 : 싸움 전   蝦 : 새우 하   死 : 죽을 사

6급 ②과정 한자능력검정시험

 線 줄 선

 雪 눈 설

 成 이룰 성

 省 살필 성 덜 생

 消 사라질 소

 速 빠를 속

 孫 손자 손

 樹 나무 수

 術 재주 술

 習 익힐 습

線

 糸 + 泉 = 線

실 사 샘 천

뜻을 나타내는 糸(실 사)와 음을 나타내는 泉(샘 천)이 합쳐진 글자로,
가느다란 **실**을 뜻합니다.

훈 **줄** 음 **선**   糸부수 (총 15획)   線 線 線 線 線 線 線 線 線 線

❖ 순서에 맞게 線을 쓰고 훈과 음을 쓰세요.

線	線	線	線	線
줄 선	줄 선	줄 선	줄 선	줄 선
線	線	線	線	線

- ☐ **路** (선로) : 기차나 전차의 바퀴가 굴러가도록 레일을 깔아 놓은 길.   (路 : 길 로)

- **水平** ☐ (수평선) : 물과 하늘이 맞닿아 경계를 이루는 선.   (水 : 물 수)
  (平 : 평평할 평)

- 동음이의어 – 先 (먼저 선)

雪

훈 눈 음 설   雨부수 (총 11획)

雨 + 帚 → 크 = 雪
비 우   비 추

비(雨)가 하늘에서 얼어 내리는 하얀 눈을 빗자루(帚)로 쓴다는 데서 **눈**을 뜻합니다.

雪 雪 雪 雪 雪 雪 雪 雪 雪 雪 雪

❖ 순서에 맞게 雪을 쓰고 훈과 음을 쓰세요.

雪	雪	雪	雪	雪
눈 설	눈 설	눈 설	눈 설	눈 설
雪	雪	雪	雪	雪

· 白 ☐ (백설) : 하얀 눈.   (白 : 흰 백)

· 大 ☐ (대설) : 아주 많이 오는 눈.   (大 : 큰 대)

丁 + 戊 = 成

넷째 천간 정   다섯째 천간 무

넓은 칼날이 달린 긴 창(戊)을 든 군인들이(丁) 적을 평정한다는 데서
이루다를 뜻합니다.

훈 **이룰** 음 **성**   戈부수 (총 7획)   成 成 成 成 成 成 成

❖ 순서에 맞게 成을 쓰고 훈과 음을 쓰세요.

成	成	成	成	成
이룰 성	이룰 성	이룰 성	이룰 성	이룰 성
成	成	成	成	成

· 育☐ (육성) : 길러 자라게 함.   (育 : 기를 육)

· ☐人 (성인) : 자라서 어른이 된 사람.   (人 : 사람 인)

· 門前成市 (문전성시) : 찾아오는 사람이 많아 집 문 앞이 시장을 이루다시피 함.

(門 : 문 문 前 : 앞 전 市 : 저자 시)

目 + 少 = 省

눈 목   적을 소

작은 것(少)까지 자세히 본다(目)는 데서 **살피다**를 뜻합니다.

훈 **살필/덜** 음 **성/생**   目부수 (총 9획)   省 省 省 省 省 省 省 省 省

❖ 순서에 맞게 省을 쓰고 훈과 음을 쓰세요.

省	省	省	省	省
살필 성/덜 생	살필 성/덜 생	살필 성/덜 생	살필 성/덜 생	살필 성/덜 생
省	省	省	省	省

· 反 ☐ (반성) : 자신의 언행에 대하여 잘못이나 부족함이 없는지 돌이켜 봄. (反 : 돌이킬 반)

· ☐ 略 (생략) : 전체에서 일부를 줄이거나 뺌.   (略 : 간략할 략)

· 人事不省 (인사불성) : ① 제 몸에 벌어지는 일을 모를 만큼 정신을 잃은 상태. ② 사람으로
서의 예절을 차릴 줄 모름. (人 : 사람 인 事 : 일 사 不 : 아닐 불)

消

氵 + 肖 = 消

물 수　　　꺼질 소

물(氵)이 점점 줄어간다는(肖) 데서 **사라지다**를 뜻합니다.

훈 **사라질** 음 **소**　氵(水)부수 (총 10획)

消 消 消 消 消 消 消 消 消 消

❖ 순서에 맞게 消를 쓰고 훈과 음을 쓰세요.

消	消	消	消	消
사라질 소	사라질 소	사라질 소	사라질 소	사라질 소
消	消	消	消	消

- ☐ 火 (소화) : 불을 끔.　　　　　　　　　　　(火 : 불 화)

- ☐ 日 (소일) : 하는 일 없이 세월을 보냄.　　　(日 : 날 일)

- 동음이의어 – 小 (작을 소)　少 (적을 소)　所 (바 소)

만화로 한자를

省 살필 성

해가 중천에 떴는데 한 녀석도 보이지 않는군!

분명 다른 곳으로 새서 딴짓들 하고 있겠지?

허구한 날 학동들 찾아 헤매야 하니….

여기에 옷을 벗어 놓고 멱 감고 있었구나!

오늘 한번 혼 좀 나봐라.

옷가지며 신발들을 돌 틈에 깊숙이 감춰 두자.

훈장님, 서당 비우고 어디 다녀오세요?

찾았잖아요.

오면서 보니 멱 감던 동네 어른들 난리 났던데요.

훈장님이 옷을 숨기는 걸 본 사람이 있대지?

하이구….

설마 그러셨을 라구

일을 수습하고 올 테니 너희들은 손들고 반省 하고 있어!

반省은 훈장님이 하셔야죠.

옷 감추는 건 나쁜 짓이에요.

훈 **빠를** 음 **속**

 + 束 = 速

쉬엄쉬엄 갈 착　　묶을 속

땔감을 단단히 묶듯이(束) 마음을 꼭 매고 걸어가는(辶) 데서 **빠르다**를 뜻합니다.

辶(辵)부수 (총 11획)　　速 速 速 速 速 速 速 速 速 速 速

❖ 순서에 맞게 速을 쓰고 훈과 음을 쓰세요.

速	速	速	速	速
빠를 속	빠를 속	빠를 속	빠를 속	빠를 속
速	速	速	速	速

· **高**☐ (고속) : 매우 빠른 속도.　　　　　　　　　　　　(高 : 높을 고)

· ☐**度** (속도) : 물체가 나아가거나 일이 진행되는 빠르기.　　(度 : 법도 도)

· 유의어 – 急 (급할 급)

孫

子 + 系 = 孫

아들 자   이을 계

자식(子)에서 자식에게로 이어진다는(系) 데서 **손자**를 뜻합니다.

| 훈 **손자** 음 **손** | 子부수 (총 10획) | 孫 孫 孫 孫 孫 孫 孫 孫 孫 孫 |

❖ 순서에 맞게 孫을 쓰고 훈과 음을 쓰세요.

孫	孫	孫	孫	孫
손자 손	손자 손	손자 손	손자 손	손자 손
孫	孫	孫	孫	孫

· ☐ 子 (손자) : 아들의 아들. 또는 딸의 아들.　　　　　　　　　(子 : 아들 자)

· 代代 ☐ ☐ (대대손손) : 오래도록 내려오는 여러 대.　　　　　(代 : 대신할 대)

· 상대 반의어 – 祖 (할아비 조)

木 + 壴 + 寸 = 樹

나무 목　　나무 묘목 모양　　마디 촌

한 손으로 묘목을 잡고 그것을 심는 모습에서 **나무**를 뜻합니다.

훈 **나무** 음 **수**　　木부수 (총 16획)

樹 樹 樹 樹 樹 樹 樹 樹 樹 樹 樹

❖ 순서에 맞게 樹를 쓰고 훈과 음을 쓰세요.

樹	樹	樹	樹	樹
나무 수	나무 수	나무 수	나무 수	나무 수
樹	樹	樹	樹	樹

· 植 ☐ (식수) : 나무를 심음.　　　　　　　　　　(植 : 심을 식)

· ☐ 立 (수립) : 국가나 정부, 제도, 계획 따위를 이룩하여 세움.　　(立 : 설 립)

· 유의어 – 木 (나무 목)　林 (수풀 림)

월   일   이름 | 확인

术 + 行 = 術

차조 출   다닐 행

뜻을 나타내는 行(다닐 행)과 음을 나타내는 术(차조 출)이 합쳐진 글자로,
차조 줄기처럼 쭉 뻗어있는 길에서 **꾀, 재주**를 뜻합니다.

훈 **재주** 음 **술** | 行부수 (총 11획) | 術 術 術 術 術 術 術 術 術 術 術

❖ 순서에 맞게 術을 쓰고 훈과 음을 쓰세요.

術	術	術	術	術
재주 술	재주 술	재주 술	재주 술	재주 술
術	術	術	術	術

· ☐ 數 (술수) : 어떤 일을 꾸미는 꾀나 방법.   (數 : 셈 수)

· 美 ☐ (미술) : 공간 및 시각의 미를 표현하는 예술.   (美 : 아름다울 미)

· 유의어 - 才 (재주 재)

羽 + 白 = 習

깃 우　　　　흰 백

어린 새가 흰(白) 날개(羽)를 퍼덕이며 나는 연습을 하는 데서 **익히다**를 뜻합니다.

훈 **익힐** 음 **습**　　　羽부수 (총 11획)　　　習 習 習 習 習 習 習 習 習 習 習

❖ 순서에 맞게 習 을 쓰고 훈과 음을 쓰세요.

習	習	習	習	習
익힐 습	익힐 습	익힐 습	익힐 습	익힐 습
習	習	習	習	習

- 學 [ ] (학습) : 배워서 익힘.　　　　　　　　　　　　　　(學 : 배울 학)

- 自 [ ] (자습) : 혼자의 힘으로 배워서 익힘.　　　　　　　(自 : 스스로 자)

- 유의어 – 學 (배울 학)

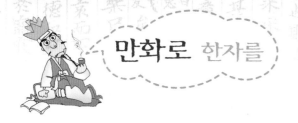

만화로 한자를

術 재주 술

옛이야기에 여러 재주를 가진 기인들이 참 많지.

앗! 옛날 이야기다.

다른 동물이나 물건으로 변하는 둔갑 術.

펑!

땅을 주름잡아 빨리 걷는 축지 術.

한양천리 한나절!

남의 마음을 읽어 내는 독심 術.

이녀석이 흑심을!

뚜두두…

똑같은 자기를 만들어 내는 분신 術.

퐁

아주 높은 경지에 이르도록 도를 닦으면 될지도 모르는 일이지!

저희도 하는 것이 있는걸요!

수박밭에서 하는 변장 術요. 절대로 안 들켜요.

요녀석들 소리가 들렸는데….

쉬잇—

조마조마

1 다음 밑줄 친 漢字語의 讀音을 쓰세요.

(1) 자동차가 直線 도로를 달렸습니다. (   )

(2) 남을 탓하기 전에 먼저 자신의 행동을 自省해야 한다.

(   )

(3) 중소기업을 育成해야 한다. (   )

(4) 그는 하루 종일 독서로 消日하고 있다. (   )

(5) 자동차가 빠른 速度로 달리고 있다. (   )

(6) 태양 光線이 내리쬐었다. (   )

(7) 새 정부가 樹立되었다. (   )

(8) 그는 術數를 부릴 줄 모르는 우직한 사람이다. (   )

(9) 成人이 되었으니 네 일은 스스로 결정해야 한다. (   )

(10) 그는 독립유공자의 後孫이다. (   )

(11) 강대국으로 成長했다. (   )

(12) 그는 話術이 뛰어나다. (   )

(13) 이번 시간은 自習하도록 하겠습니다. (   )

(14) 기대 이상의 成果를 올렸다. (   )

(15) 할아버지는 孫女를 매우 예뻐하신다. (   )

2 다음 漢字의 訓과 音을 쓰세요.

(1) 消 (　　　　　　　)　　　　(2) 雪 (　　　　　　　)

(3) 樹 (　　　　　　　)　　　　(4) 術 (　　　　　　　)

(5) 成 (　　　　　　　)　　　　(6) 速 (　　　　　　　)

(7) 習 (　　　　　　　)　　　　(8) 孫 (　　　　　　　)

(9) 線 (　　　　　　　)　　　　(10) 省 (　　　　　　　)

3 다음 밑줄 친 漢字語를 漢字로 쓰세요.

(1) 실패는 성공의 어머니이다. (　　　　　　)

(2) 대설로 교통이 마비되었다. (　　　　　　)

(3) 먼 수평선 위로 구름이 떠 있다. (　　　　　　)

(4) 개교 10주년을 맞아 기념식수를 하였다. (　　　　　　)

(5) 미술 시간에 그림을 그렸다. (　　　　　　)

(6) 자동차가 고속으로 주행하고 있다. (　　　　　　)

(7) 할아버지가 손자를 데리고 산책한다. (　　　　　　)

(8) 과거의 잘못에 대해 깊이 반성했다. (　　　　　　)

(9) 신속한 대응으로 다행히 산불이 소화되었다. (　　　　　　)

(10) 방학 동안에 체험 학습에 다녀왔다. (　　　　　　)

4 다음 漢字의 반의자(反義字) 또는 상대자(相對字)를 골라 그 번호를 쓰세요.

(1) 孫 : ① 男　② 女　③ 祖　④ 線　　　　　　　(　　　　　)

5 다음 ( )에 알맞은 漢字를 보기 에서 찾아 그 번호를 쓰세요.

> 보기
>
> ① 成　　② 孫　　③ 省　　④ 祖

(1) 門前( )市 : 찾아오는 사람이 많아 집 문 앞이 시장을 이루다시

피 함.　　　　　　　　　　　　　　　(　　　　　)

(2) 人事不( ) : 제 몸에 벌어지는 일을 모를 만큼 정신을 잃은 상태.

(　　　　　)

(3) 代代( )孫 : 오래도록 내려오는 여러 대.　　(　　　　　)

6 다음 漢字와 뜻이 비슷한 漢字를 골라 그 번호를 쓰세요.

(1) 速 : ① 洞　② 級　③ 近　④ 急　　　　　　(　　　　　)

(2) 習 : ① 白　② 學　③ 校　④ 室　　　　　　(　　　　　)

(3) 樹 : ① 木　② 土　③ 金　④ 月　　　　　　(　　　　　)

7 다음 중 소리(音)는 같으나 뜻(訓)이 다른 漢字를 골라 그 번호를 쓰세요.

(1) 線 : ① 紙　② 先　③ 綠　④ 席　　　　　　(　　　　　)

(2) 樹 : ① 時　② 重　③ 數　④ 村　　　　　　(　　　　　)

(3) 消 : ① 市　② 手　③ 世　④ 所　　　　　　(　　　　　)

8 다음 뜻과 소리를 가진 단어를 漢字로 쓰세요.

> 보기
>
> 몸무게.(체중) ─ (體重)

(1) 하얀 눈.(백설)   (   )

(2) 불을 끔.(소화)   (   )

9 다음 漢字의 짙게 표시한 획은 몇 번째 쓰는 획인지 보기 에서 찾아 그 번호를 쓰세요.

> 보기
>
> ① 첫 번째   ② 두 번째   ③ 세 번째   ④ 네 번째
> ⑤ 다섯 번째   ⑥ 여섯 번째   ⑦ 일곱 번째   ⑧ 여덟 번째
> ⑨ 아홉 번째   ⑩ 열 번째   ⑪ 열한 번째   ⑫ 열두 번째

(1) 雪 (   )   (2) 速 (   )

(3) 成 (   )

◯ 한자로 표현된 속담을 익혀 보세요.

難上之木은 勿仰이라
(난 상 지 목 물 앙)

오르지 못할 나무는 쳐다보지도 말라.

難 : 어려울 난   上 : 윗 상   之 : 어조사 지   木 : 나무 목   勿 : 말 물   仰 : 우러를 앙

6급 ②과정 한자능력검정시험

 勝 이길 승	 始 비로소 시
式 법 식	 信 믿을 신
 身 몸 신	新 새 신
神 귀신 신	 失 잃을 실
 愛 사랑 애	 野 들 야

勝

朕 + 力 = 勝
나 짐　　　힘 력

뜻을 나타내는 力(힘 력)과 음을 나타내는 朕(나 짐)이 합쳐진 글자로,
근육을 써서 힘써 싸운다는 데서 **이기다**를 뜻합니다.

훈 이길 음 승　　力부수 (총 12획)　勝 勝 勝 勝 勝 勝 勝 勝 勝 勝 勝 勝

❖ 순서에 맞게 勝을 쓰고 훈과 음을 쓰세요.

勝	勝	勝	勝	勝
이길 승	이길 승	이길 승	이길 승	이길 승
勝	勝	勝	勝	勝

- ☐ 者(승자) : 싸움이나 경기 따위에서 이긴 사람.　　(者 : 놈 자)

- ☐ 利(승리) : 겨루어서 이김.　　(利 : 이할 리)

- 百戰百勝(백전백승) : 싸울 때마다 다 이김.　　(百 : 일백 백 戰 : 싸움 전)

女 + 台 = 始

계집 녀 별 태

여자(女)의 배 속에서 아기가 태어나는(台) 것이 인간 생명의 시초라는 데서 **시작**, **비로소**를 뜻합니다.

| 훈 비로소 음 시 | 女부수 (총 8획) | 始 始 始 始 始 始 始 始 |

❖ 순서에 맞게 始를 쓰고 훈과 음을 쓰세요.

始	始	始	始	始
비로소 시	비로소 시	비로소 시	비로소 시	비로소 시
始	始	始	始	始

- ☐ 作 (시작) : 어떤 일이나 행동의 처음 단계를 이루거나 그렇게 하게 함.　　(作 : 지을 작)

- ☐ 祖 (시조) : 한 겨레나 가계의 맨 처음이 되는 조상.　　(祖 : 할아비 조)

- **동음이의어** – 市 (저자 시)　時 (때 시)

 弋 + 工 = 式

주살 익   장인 공

주살(弋) 같은 무기를 만드는(工) 방법에는 일정한 법식이 필요하다는데서 **법식**을 뜻합니다.

훈 **법** 음 **식**   弋부수 (총 6획)   式 式 式 式 式

❖ 순서에 맞게 式을 쓰고 훈과 음을 쓰세요.

式	式	式	式	式
법 식	법 식	법 식	법 식	법 식
式	式	式	式	式

- ☐ 場 (식장) : 식을 거행하는 장소.   (場 : 마당 장)

- 禮 ☐ (예식) : 예법에 따라 치르는 의식.   (禮 : 예도 례)

- 동음이의어 – 植 (심을 식) 食 (밥/먹을 식)

信

イ + 言 = 信

사람 인   말씀 언

사람(イ)에게 있어 말(言)은 가장 중요한 마음의 소리라는 데서 **믿다**를 뜻합니다.

훈 **믿을** 음 **신**   イ(人)부수 (총 9획)   信信信信信信信信信

❖ 순서에 맞게 信을 쓰고 훈과 음을 쓰세요.

信	信	信	信	信
믿을 신	믿을 신	믿을 신	믿을 신	믿을 신
信	信	信	信	信

• 書 ☐ (서신) : 편지.   (書 : 글 서)

• ☐ 用 (신용) : 사람이나 사물이 틀림없다고 믿어 의심하지 아니함.   (用 : 쓸 용)

• 동음이의어 – 身 (몸 신) 神 (귀신 신) 新 (새 신)

身

배가 불룩 나온 임신한 여자의 모습을 본뜬 글자로, **몸**을 뜻합니다.

훈 **몸** 음 **신** | 身부수 (총 7획) | 身 身 身 身 身 身 身

❖ 순서에 맞게 身을 쓰고 훈과 음을 쓰세요.

身	身	身	身	身
몸 신	몸 신	몸 신	몸 신	몸 신
身	身	身	身	身

- ☐ 長 (신장) : 키. (長 : 긴 장)

- ☐ 分 (신분) : 개인의 사회적인 위치나 계급. (分 : 나눌 분)

- 상대 반의어 – 心 (마음 심)   • 유의어 – 體 (몸 체)

만화로 한자를

信 믿을 신

응?

옥신 각신 " 티격 태격 !

서당에 왔으면 얼른 들어와
공부할 준비를 해야지
왜 마당에서 싸우고 있는 거냐?

그럴만한
일이 있지요.

글쎄 이 녀석이
사나이끼리의 약속을
헌신짝처럼 여기지 뭡니까?

사람은 信의가
있어야 하는 법!
약속은 지켜야지.

무슨 약속
이었는데?

그게 저….

우물… 쭈물…

뭐? 숙제를 대신해 주고
고구마 한 바구니를
받기로 했다고?

같이 서당 빼먹고 놀러 가기로
한 약속을 깬 사람이 누군데?

배信자!

그런 건
信의하고는 상관없어!
매 맞을 일이지.

新

辛 + 斤 = 新

매울 신   도끼 근

뜻을 나타내는 斤(도끼 근)과 음을 나타내는 辛(매울 신)이 합쳐진 글자로,
원래는 땔나무를 뜻하였으나 후에 **새롭다**를 뜻하게 된 한자입니다.

훈 **새** 음 **신**   斤부수 (총 13획)   新 新 新 新 新 新 新 新 新 新 新 新 新

❖ 순서에 맞게 新을 쓰고 훈과 음을 쓰세요.

新	新	新	新	新
새 신	새 신	새 신	새 신	새 신
新	新	新	新	新

- ☐ 年 (신년) : 새해.   (年 : 해 년)

- ☐ 入 (신입) : 어떤 모임이나 단체에 새로 들어옴.   (入 : 들 입)

- 상대 반의어 – 古 (예 고)

示 + 申 = 神
보일 시   납(번개) 신

번갯불의 모양인 申(납 신)과 신이나 제사에 관계있는 示(보일 시)가 합쳐진 글자로, **귀신**을 뜻합니다.

훈 **귀신** 음 **신**   示부수 (총 10획)   神神神神神神神神神神

❖ 순서에 맞게 神을 쓰고 훈과 음을 쓰세요.

神	神	神	神	神
귀신 신	귀신 신	귀신 신	귀신 신	귀신 신
神	神	神	神	神

• ☐ **童** (신동) : 재주와 슬기가 남달리 특출한 아이.　　　　(童 : 아이 동)

• **失** ☐ (실신) : 병이나 충격 따위로 정신을 잃음.　　　　(失 : 잃을 실)

• **동음이의어** – 信 (믿을 신) 身 (몸 신) 新 (새 신)

失

손에서 물건이 떨어져 나가는 모습을 본뜬 글자로, **잃다**를 뜻합니다.

훈 **잃을** 음 **실**   大부수 (총 5획)   失 失 失 失 失

❖ 순서에 맞게 失을 쓰고 훈과 음을 쓰세요.

失	失	失	失	失
잃을 실	잃을 실	잃을 실	잃을 실	잃을 실
失	失	失	失	失

- [ ] 禮 (실례) : 말이나 행동이 예의에 벗어남.   (禮 : 예도 례)

- [ ] 手 (실수) : 조심하지 아니하여 잘못함.   (手 : 손 수)

- 동음이의어 – 室 (집 실)

愛

한 사람이 두 손으로 심장을 들고, 입을 크게 벌려서 마음 속의 애정을 하소연하고 있는 모습에서 **사랑**을 뜻합니다.

| 훈 **사랑** 음 **애** | 心부수 (총 13획) | 愛愛愛愛愛愛愛愛愛愛愛愛愛 |

❖ 순서에 맞게 愛를 쓰고 훈과 음을 쓰세요.

愛	愛	愛	愛	愛
사랑 애	사랑 애	사랑 애	사랑 애	사랑 애
愛	愛	愛	愛	愛

- ☐人 (애인) : 서로 열렬히 사랑하는 사람. (人 : 사람 인)

- ☐國 (애국) : 자기 나라를 사랑함. (國 : 나라 국)

- 愛國愛族 (애국애족) : 자기의 나라와 겨레를 사랑함. (國 : 나라 국 族 : 겨레 족)

野

里 + 予 = 野

마을 리   나 여

뜻을 나타내는 里(마을 리)와 음을 나타내는 予(나 여)가 합쳐진 글자로,
들을 뜻합니다.

훈 들 음 야   里부수 (총 11획)   野 野 野 野 野 野 野 野 野 野 野

❖ 순서에 맞게 野를 쓰고 훈과 음을 쓰세요.

野	野	野	野	野
들 야	들 야	들 야	들 야	들 야
野	野	野	野	野

• 平 [ ] **(평야)** : 기복이 매우 작고, 지표면이 평평하고 너른 들.   (平 : 평평할 평)

• [ ] 球 **(야구)** : 9명씩으로 이루어진 두 팀이 9회씩 공격과 수비를 번갈아 하며 승패를 겨루는
구기 경기.   (球 : 공 구)

• 동음이의어 – 夜 (밤 야)

神 귀신 신

1 다음 밑줄 친 漢字語의 讀音을 쓰세요.

(1) 新聞에 기사를 싣다.   (   )

(2) 모름지기 사람은 信用이 좋아야 한다.   (   )

(3) 이번 경기의 勝者가 결승에 오른다.   (   )

(4) 자선 공연이 始作되었다.   (   )

(5) 그는 경제 分野의 전문가이다.   (   )

(6) 新式 금융 제도가 도입되었다.   (   )

(7) 이 지역에는 예전부터 전해오는 神話가 있다.   (   )

(8) 그는 개막전에서 始球를 던졌다.   (   )

(9) 저 둘은 愛人 사이이다.   (   )

(10) 눈앞에 넓은 平野가 펼쳐져 있다.   (   )

(11) 神父님께 고해 성사를 했다.   (   )

(12) 우리 고장 名勝地를 둘러보았다.   (   )

(13) 失禮합니다.   (   )

(14) 그는 所信대로 일했다.   (   )

(15) 감독 중에 선수 出身이 많다.   (   )

2 다음 漢字의 訓과 音을 쓰세요.

(1) 始 (　　　　　　)　　　　(2) 身 (　　　　　　)

(3) 愛 (　　　　　　)　　　　(4) 神 (　　　　　　)

(5) 信 (　　　　　　)　　　　(6) 野 (　　　　　　)

(7) 勝 (　　　　　　)　　　　(8) 式 (　　　　　　)

(9) 新 (　　　　　　)　　　　(10) 失 (　　　　　　)

3 다음 밑줄 친 漢字語를 漢字로 쓰세요.

(1) 이번 경기에 이길 것을 <u>자신</u>한다.　　　　(　　　　　　)

(2) 신라의 <u>시조</u>는 박혁거세이다.　　　　(　　　　　　)

(3) 축하객들이 <u>식장</u>을 가득 메웠다.　　　　(　　　　　　)

(4) 학생들이 <u>애국가</u>를 불렀다.　　　　(　　　　　　)

(5) 네 <u>신분</u>에 맞게 행동해라.　　　　(　　　　　　)

(6) 남북 전쟁에서 북군이 <u>승리</u>했다.　　　　(　　　　　　)

(7) 그는 세 살 때 글을 읽어 <u>신동</u>으로 불렸다.　　　　(　　　　　　)

(8) 그는 사소한 <u>실수</u>를 저질렀다.　　　　(　　　　　　)

(9) <u>신년</u>에는 운동을 열심히 할 것이다.　　　　(　　　　　　)

(10) 내일 <u>야구</u> 시합이 있다.　　　　(　　　　　　)

4 다음 漢字의 반의자(反義字) 또는 상대자(相對字)를 골라 그 번호를 쓰세요.

(1) 身 : ① 口 ② 面 ③ 心 ④ 信   (   )

(2) 新 : ① 神 ② 古 ③ 苦 ④ 式   (   )

5 다음 (   )에 알맞은 漢字를 보기 에서 찾아 그 번호를 쓰세요.

보기

① 古   ② 愛   ③ 勝   ④ 樂

(1) 百戰百(   ) : 싸울 때마다 다 이김.   (   )

(2) 愛國(   )族 : 자기의 나라와 겨레를 사랑함.   (   )

6 다음 漢字와 뜻이 비슷한 漢字를 골라 그 번호를 쓰세요.

(1) 身 : ① 體 ② 神 ③ 手 ④ 始   (   )

7 다음 중 소리(音)는 같으나 뜻(訓)이 다른 漢字를 골라 그 번호를 쓰세요.

(1) 始 : ① 時 ② 食 ③ 色 ④ 父   (   )

(2) 失 : ① 室 ② 冬 ③ 長 ④ 春   (   )

(3) 新 : ① 心 ② 身 ③ 十 ④ 水   (   )

(4) 式 : ① 工 ② 物 ③ 全 ④ 植   (   )

8 다음 뜻과 소리를 가진 단어를 漢字로 쓰세요.

> **보기**
>
> 몸무게.(체중) − (體重)

(1) 어떤 모임이나 단체에 새로 들어옴.(신입) (   )

(2) 자기 나라를 사랑함.(애국) (   )

9 다음 漢字의 짙게 표시한 획은 몇 번째 쓰는 획인지 **보기** 에서 찾아 그 번호를 쓰세요.

> **보기**
>
> ① 첫 번째   ② 두 번째   ③ 세 번째   ④ 네 번째
> ⑤ 다섯 번째 ⑥ 여섯 번째 ⑦ 일곱 번째 ⑧ 여덟 번째
> ⑨ 아홉 번째 ⑩ 열 번째   ⑪ 열한 번째 ⑫ 열두 번째

(1) 神 (   )

(2) 身 (   )

(3) 式 (   )

◯ 한자로 표현된 속담을 익혀 보세요.

牛耳讀經 (우이독경)이라

쇠귀에 경 읽기.

牛 : 소 우   耳 : 귀 이   讀 : 읽을 독   經 : 경서 경

 夜 밤 야

 藥 약 약

 陽 볕 양

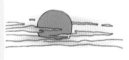 業 업 업

 永 길 영

 弱 약할 약

 洋 큰바다 양

 言 말씀 언

 英 꽃부리 영

 溫 따뜻할 온

夜

亦 + 夕 = 夜
또 역   저녁 석

뜻을 나타내는 夕(저녁 석)과 음을 나타내는 亦(또 역)이 합쳐진 글자로,
달이 뜨는 **밤**을 뜻합니다.

훈 **밤** 음 **야**   夕부수 (총 8획)   夜 夜 夜 夜 夜 夜 夜 夜

❖ 순서에 맞게 夜를 쓰고 훈과 음을 쓰세요.

夜	夜	夜	夜	夜
밤 야	밤 야	밤 야	밤 야	밤 야
夜	夜	夜	夜	夜

- ☐ 光 (야광) : 어둠 속에서 빛을 냄.   (光 : 빛 광)

- ☐ 間 (야간) : 해가 진 뒤부터 먼동이 트기 전까지의 동안.   (間 : 사이 간)

- 상대 반의어 – 晝 (낮 주)

弱

어린 새가 두 날개를 나란히 펼친 모양을 본뜬 글자로, **약하다**를 뜻합니다.

| 훈 **약할** 음 **약** | 弓부수 (총 10획) | 弱 弱 弱 弱 弱 弱 弱 弱 弱 弱 |

❖ 순서에 맞게 弱을 쓰고 훈과 음을 쓰세요.

弱	弱	弱	弱	弱
약할 약	약할 약	약할 약	약할 약	약할 약
弱	弱	弱	弱	弱

- ☐ 者 (약자) : 힘이나 세력이 약한 사람이나 생물. (者 : 놈 자)

- ☐ 肉強食 (약육강식) : 약한 자가 강한 자에게 먹힘.
  (肉 : 고기 육 強 : 강할 강 食 : 밥/먹을 식)

- 상대 반의어 – 強 (강할 강)

훈 **약** 음 **약**

⁺⁺ + 樂 = 藥

풀 초 　 　 즐길 락

뜻을 나타내는 ⁺⁺(풀 초)와 음을 나타내는 樂(즐길 락)이 합쳐진 글자로,
약을 뜻합니다.

⁺⁺ (艸)부수 (총 19획)

藥藥藥藥藥藥藥藥藥藥

❖ 순서에 맞게 藥을 쓰고 훈과 음을 쓰세요.

藥	藥	藥	藥	藥
약 약	약 약	약 약	약 약	약 약
藥	藥	藥	藥	藥

- ☐ 草 (약초) : 약으로 쓰는 풀. 　　　　　　　　　　　　　(草 : 풀 초)

- 名 ☐ (명약) : 효험이 좋아 이름난 약. 　　　　　　　　　(名 : 이름 명)

- 동음이의어 – 弱 (약할 약)

洋

氵 + 羊 = 洋
물 수   양 양

뜻을 나타내는 氵(물 수)와 음을 나타내는 羊(양 양)이 합쳐진 글자로,
큰바다를 뜻합니다.

훈 **큰바다** 음 **양** | 氵(水)부수 (총 9획) | 洋洋洋洋洋洋洋洋洋

❖ 순서에 맞게 洋을 쓰고 훈과 음을 쓰세요.

洋	洋	洋	洋	洋
큰바다 양	큰바다 양	큰바다 양	큰바다 양	큰바다 양
洋	洋	洋	洋	洋

· ☐ 服 **(양복)** : 서양식의 의복.   (服 : 옷 복)

· ☐ 食 **(양식)** : 서양식 음식이나 식사.   (食 : 밥/먹을 식)

· 유의어 – 海 (바다 해)

 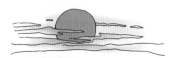

阝 + 昜 = 陽

좌부변(언덕 부) 昜 별 양

제단이 있는 언덕(阝) 위로 태양이 솟아오르는 것을 본뜬 글자로, **햇볕**을 뜻합니다.

훈 **볕** 음 **양** 阝(阜)부수 (총 12획) 陽陽陽陽陽陽陽陽陽

❖ 순서에 맞게 陽을 쓰고 훈과 음을 쓰세요.

陽	陽	陽	陽	陽
볕 양	볕 양	볕 양	볕 양	볕 양
陽	陽	陽	陽	陽

· ☐ 地 (양지) : 볕이 바로 드는 곳. (地 : 땅 지)

· 夕 ☐ (석양) : 저녁때의 햇빛. (夕 : 저녁 석)

· 동음이의어 – 洋 (큰바다 양)

藥 약 약

오늘은 머리도 식힐 겸 천렵가는 날.

녀석들 무척 좋아하는군.

다들 흩어져서 매운탕거리 잡아 와!

훈장님, 산 해진미를 해 드리자.

난 불을 지피고.

한동안 안 잡았더니 쏘가리, 메기, 꺽지 등이 엄청나구나.

으악! 자라한테 물렸다~!

놓치지마

난 뱀 잡았다!

좋지!

매운탕에 이런 것들이 왜 들어가느냐?

고슴도치는 양념이구요.

맹꽁이는 별미예요

톡 쏘죠

다 藥 되는 거예요.

어서 퍼드려!

으악!

난 안 먹을란다.

너희들끼리 다 먹어라.

입에서 혀가 밖으로 뻗어 있는 모습을 본뜬 글자로, **말**을 뜻합니다.

훈 **말씀** 음 **언**   言부수 (총 7획)   言 言 言 言 言 言 言

❖ 순서에 맞게 言을 쓰고 훈과 음을 쓰세요.

言	言	言	言	言
말씀 언	말씀 언	말씀 언	말씀 언	말씀 언
言	言	言	言	言

- 發 ☐ **(발언)** : 말을 꺼내어 의견을 나타냄.   (發 : 필 발)

- 一口二 ☐ **(일구이언)** : 한 가지 일에 대하여 말을 이랬다저랬다 함.
       (一 : 한 일 口 : 입 구 二 : 두 이)

- 상대 반의어 – 行 (다닐 행)   • 유의어 – 語 (말씀 어) 話 (말씀 화)

業

業 ▸ 業 ▸ 業

옛날 악기인 종이나 북을 거는 틀의 모양을 본뜬 글자로, **직업**, **일**을 뜻합니다.

훈 업 음 업 | 木부수 (총 13획) | 業業業業業業業業業業業業業

❖ 순서에 맞게 業을 쓰고 훈과 음을 쓰세요.

業	業	業	業	業
업업	업업	업업	업업	업업
業	業	業	業	業

· 分 ☐ **(분업)** : 일을 나누어서 함. (分 : 나눌 분)

· 生 ☐ **(생업)** : 살아가기 위하여 하는 일. (生 : 날 생)

· 유의어 – 事 (일 사)

++ + 央 = 英

풀 초   가운데 앙

뜻을 나타내는 ++(풀 초)와 음을 나타내는 央(가운데 앙)이 합쳐진 글자로, **꽃부리**를 뜻합니다.

훈 **꽃부리** 음 **영**   ++ (艹)부수 (총 9획)   英 英 英 英 英 英 英

❖ 순서에 맞게 英을 쓰고 훈과 음을 쓰세요.

英	英	英	英	英
꽃부리 영	꽃부리 영	꽃부리 영	꽃부리 영	꽃부리 영
英	英	英	英	英

- ☐ 才 **(영재)** : 뛰어난 재주. 또는 그런 사람.　　　　　(才 : 재주 재)

- ☐ 國 **(영국)** : 유럽 서부 대서양 가운데 있는 입헌 군주국.　　　(國 : 나라 국)

- 동음이의어 – 永 (길 영)

、 + 水 = 永

점주   물 수

여러 갈래로 흐르는 물의 줄기를 본뜬 글자로, 물줄기가 합쳐지고 갈라지며 멀리 흘러간다는 데서 **길다**를 뜻합니다.

훈 **길** 음 **영**   水부수 (총 5획)   永 永 永 永 永

❖ 순서에 맞게 永을 쓰고 훈과 음을 쓰세요.

永	永	永	永	永
길 영	길 영	길 영	길 영	길 영
永	永	永	永	永

- [ ] 住 **(영주)** : 한곳에 오래 삶.   (住 : 살 주)

- [ ] 遠 **(영원)** : 어떤 상태가 끝없이 이어짐.   (遠 : 멀 원)

• 유의어 – 遠 (멀 원)

氵 + 囚 + 皿 = 溫

물 수   가둘 수   그릇 명

죄수(囚)에게 따뜻한 밥이 담긴 그릇(皿)을 준다는 데서 **따뜻하다**를 뜻합니다.

훈 **따뜻할** 음 **온**   氵(水)부수 (총 13획)   溫溫溫溫溫溫溫溫溫溫溫

❖ 순서에 맞게 溫을 쓰고 훈과 음을 쓰세요.

溫	溫	溫	溫	溫
따뜻할 온	따뜻할 온	따뜻할 온	따뜻할 온	따뜻할 온
溫	溫	溫	溫	溫

- [ ] 水 (온수) : 더운물. (水 : 물 수)

- [ ] 度 (온도) : 따뜻함과 차가움의 정도. 또는 그것을 나타내는 수치. (度 : 법도 도)

業 업 업

윤달 윤~
남을 여~
이룰 성~
해 세~

응?

넌 누군데 거기서
어른거리느냐?

동구 밖
백정네 집
애예요.

글을
배우고
싶어서요.

넌 공부해도
백정질 밖에 못 할 텐데
골치 아픈 글을 배워서
뭐하게?

백정질이라니!
백정이 없으면
쇠고기, 돼지고기를
어찌 먹겠느냐?

직업에는 귀천
없는 것이야!

딱!

너희들이
지금 공부하는
것은

장차 직業을
갖기 위한
준비인
셈이니라!

우리는 벌써
다 정해
뒀지요.

놀고먹는
실業 자요!

그 자리도
과분한 줄
알렸다!

내 천
흐를 류
아니 불
섞일 석

1 다음 밑줄 친 漢字語의 讀音을 쓰세요.

(1) 그 일은 역사에 <u>永遠</u>히 기록될 것이다.   (   )

(2) 그는 <u>藥草</u>를 캐러 산으로 올라갔다.   (   )

(3) 식당을 <u>開業</u>했다.   (   )

(4) 아버지는 아침마다 <u>藥水</u>를 뜨러 간다.   (   )

(5) 그녀는 <u>溫室</u>의 화초처럼 자랐다.   (   )

(6) <u>洋食</u>보다 한식이 더 좋다.   (   )

(7) 우리 학교에 <u>英才</u>가 많이 입학했다.   (   )

(8) <u>夜間</u>에 운전하기가 힘들다.   (   )

(9) <u>陽地</u>에는 눈이 거의 다 녹았다.   (   )

(10) 그는 잦은 <u>失言</u>으로 사람들의 신용을 잃었다.   (   )

(11) 어머니가 <u>韓藥</u>을 달이고 있다.   (   )

(12) 이곳은 <u>東洋</u>의 신비를 잘 보여주고 있다.   (   )

(13) 그는 직장을 그만두고 <u>事業</u>을 시작했다.   (   )

(14) 이 작물에는 <u>農藥</u>을 전혀 쓰지 않았다.   (   )

(15) 겨울이 되자 <u>氣溫</u>이 많이 내려갔다.   (   )

2 다음 漢字의 訓과 音을 쓰세요.

(1) 陽 (   )   (2) 業 (   )

(3) 弱 (   )   (4) 永 (   )

(5) 言 (   )   (6) 藥 (   )

(7) 溫 (   )   (8) 英 (   )

(9) 洋 (   )   (10) 夜 (   )

3 다음 밑줄 친 漢字語를 漢字로 쓰세요.

(1) 인삼은 예로부터 명약으로 불리었다.   (   )

(2) 연주할 때 강약을 잘 조절해야 한다.   (   )

(3) 그는 자신의 의견을 정확히 발언했다.   (   )

(4) 양복을 갖추어 입었다.   (   )

(5) 사람은 영생을 꿈꾼다.   (   )

(6) 이 구슬은 야광이다.   (   )

(7) 이곳은 어업을 생업으로 삼고 있다.   (   )

(8) 영국의 수도는 런던이다.   (   )

(9) 서쪽 하늘에 석양이 깔리었다.   (   )

(10) 보일러가 고장 나 온수가 잘 나오지 않는다.   (   )

4 다음 漢字의 반의자(反義字) 또는 상대자(相對字)를 골라 그 번호를 쓰세요.

(1) 夜 : ① 夕 ② 書 ③ 前 ④ 晝   (   )

(2) 言 : ① 重 ② 語 ③ 行 ④ 然   (   )

(3) 弱 : ① 強 ② 江 ③ 老 ④ 弟   (   )

5 다음 (   )에 알맞은 漢字를 **보기**에서 찾아 그 번호를 쓰세요.

보기

① 藥   ② 弱   ③ 言   ④ 洋

(1) (   )肉強食 : 약한 자가 강한 자에게 먹힘.   (   )

(2) 一口二(   ) : 한 가지 일에 대하여 말을 이랬다저랬다 함.

(   )

6 다음 漢字와 뜻이 비슷한 漢字를 골라 그 번호를 쓰세요.

(1) 洋 : ① 路 ② 海 ③ 活 ④ 道   (   )

(2) 業 : ① 直 ② 植 ③ 使 ④ 事   (   )

(3) 言 : ① 業 ② 名 ③ 話 ④ 理   (   )

(4) 永 : ① 遠 ② 近 ③ 英 ④ 洋   (   )

7 다음 중 소리(音)는 같으나 뜻(訓)이 다른 漢字를 골라 그 번호를 쓰세요.

(1) 洋 : ① 活 ② 陽 ③ 英 ④ 來   (   )

(2) 弱 : ① 氣 ② 苦 ③ 樂 ④ 藥   (   )

8 다음 뜻과 소리를 가진 단어를 漢字로 쓰세요.

> **보기**
>
> 몸무게.(체중) — (體重)

(1) 한곳에 오래 삶.(영주)　　　　　　　　　　(　　　　　　　)

(2) 일을 나누어서 함.(분업)　　　　　　　　　　(　　　　　　　)

9 다음 漢字의 짙게 표시한 획은 몇 번째 쓰는 획인지 **보기** 에서 찾아 그 번호를 쓰세요.

> **보기**
>
> ① 첫 번째　　② 두 번째　　③ 세 번째　　④ 네 번째
> ⑤ 다섯 번째　⑥ 여섯 번째　⑦ 일곱 번째　⑧ 여덟 번째
> ⑨ 아홉 번째　⑩ 열 번째　　⑪ 열한 번째　⑫ 열두 번째

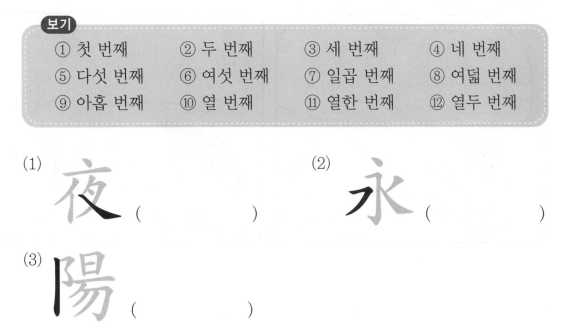

(1) 夜 (　　　　　)

(2) 永 (　　　　　)

(3) 陽 (　　　　　)

◉ 한자로 표현된 속담을 익혀 보세요.

生巫殺人 (생무살인)이라

선무당이 사람 잡는다.

生 : 날 생 巫 : 무당 무 殺 : 죽일 살 人 : 사람 인

☀ 부록 ☀

7급·7급Ⅱ(100자) 한자를 복습합니다.
6급·6급Ⅱ 시험의 쓰기 범위가 되니
능숙하게 쓸 수 있도록
연습하세요.

❖ 다음 한자의 훈음을 알아보고 빈칸에 알맞게 쓰세요.

家 집 가	家	家			
宀 – 총 10획	名家(명가)	家門(가문)	國家(국가)	家出(가출)	*유의어 : 室(집 실) 堂(집 당)
歌 노래 가	歌	歌			
欠 – 총 14획	歌手(가수)	國歌(국가)	校歌(교가)	軍歌(군가)	
間 사이 간	間	間			
門 – 총 12획	人間(인간)	空間(공간)	民間(민간)	中間(중간)	
江 강 강	江	江			
氵(水) – 총 6획	江山(강산)	江南(강남)	漢江(한강)	江村(강촌)	*상대 반의어 : 山(메 산)
車 수레 거/차	車	車			
車 – 총 7획	自動車(자동차)	人力車(인력거)	車道(차도)	下車(하차)	車便(차편)
工 장인 공	工	工			
工 – 총 3획	工場(공장)	人工(인공)	工事(공사)	工學(공학)	
空 빌 공	空	空			
穴 – 총 8획	空中(공중)	空軍(공군)	空白(공백)	空間(공간)	
口 입 구	口	口			
口 – 총 3획	食口(식구)	人口(인구)	口語(구어)	洞口(동구)	

❖ 다음 한자의 훈음을 알아보고 빈칸에 알맞게 쓰세요.

氣 기운 기	氣	氣					
气 - 총 10획	氣力(기력)	空氣(공기)	氣色(기색)	人氣(인기)			
記 기록할 기	記	記					
言 - 총 10획	日記(일기)	記事(기사)	記入(기입)	手記(수기)			
旗 기 기	旗	旗					
方 - 총 14획	旗手(기수)	國旗(국기)	校旗(교기)	白旗(백기)			
男 사내 남	男	男					
田 - 총 7획	男女(남녀)	男子(남자)	男便(남편)	長男(장남)		*상대 반의어 : 女(계집 녀)	
內 안 내	內	內					
入 - 총 4획	國內(국내)	校內(교내)	室內(실내)	內面(내면)		*상대 반의어 : 外(바깥 외)	
農 농사 농	農	農					
辰 - 총 13획	農事(농사)	農民(농민)	農夫(농부)	農家(농가)			
答 대답 답	答	答					
竹 - 총 12획	正答(정답)	答紙(답지)	問答(문답)	對答(대답)		*상대 반의어 : 問(물을 문)	
道 길 도	道	道					
辶 - 총 13획	人道(인도)	車道(차도)	國道(국도)	道路(도로)		*유의어 : 路(길 로)	

❖ 다음 한자의 훈음을 알아보고 빈칸에 알맞게 쓰세요.

動 움직일 동	動	動					
力 – 총 11획	動力(동력)	動物(동물)	自動(자동)	手動(수동)			
洞 골 동/밝을 통	洞	洞					
氵(水) – 총 9획	洞長(동장)	洞民(동민)	洞里(동리)	洞口(동구)		*유의어 : 邑(고을 읍) 郡(고을 군)	
同 한가지 동	同	同					
口 – 총 6획	同意(동의)	同名(동명)	同時(동시)	同一(동일)		*유의어 : 共(한가지 공)	
冬 겨울 동	冬	冬					
冫 – 총 5획	冬天(동천)	立冬(입동)	三冬(삼동)			*상대 반의어 : 夏(여름 하)	
登 오를 등	登	登					
癶 – 총 12획	登山(등산)	登校(등교)	登場(등장)	登記(등기)			
來 올 래	來	來					
人 – 총 8획	來年(내년)	來日(내일)	來韓(내한)	來世(내세)			
力 힘 력	力	力					
力 – 총 2획	國力(국력)	入力(입력)	出力(출력)	主力(주력)			
老 늙을 로	老	老					
老 – 총 6획	老人(노인)	老年(노년)	長老(장로)	老後(노후)		*상대 반의어 : 少(적을 소)	

❖ 다음 한자의 훈음을 알아보고 빈칸에 알맞게 쓰세요.

里 마을 리	里	里					
里 – 총 7획	里長(이장)	洞里(동리)	十里(십리)			*유의어 : 村(마을 촌)	
林 수풀 림	林	林					
木 – 총 8획	山林(산림)	林業(임업)	農林(농림)				
立 설 립	立	立					
立 – 총 5획	國立(국립)	市立(시립)	立場(입장)	自立(자립)			
每 매양 매	每	每					
毋 – 총 7획	每日(매일)	每月(매월)	每年(매년)	每時(매시)			
面 낯 면	面	面					
面 – 총 9획	面前(면전)	場面(장면)	地面(지면)	水面(수면)			
名 이름 명	名	名					
口 – 총 6획	名人(명인)	國名(국명)	地名(지명)	名作(명작)			
命 목숨 명	命	命					
口 – 총 8획	生命(생명)	天命(천명)	人命(인명)	命中(명중)			
文 글월 문	文	文					
文 – 총 4획	文學(문학)	名文(명문)	文人(문인)	長文(장문)		*유의어 : 章(글 장) 書(글 서)	

❖ 다음 한자의 훈음을 알아보고 빈칸에 알맞게 쓰세요.

問 물을 문	問	問					
口 – 총 11획	問安(문안)	學問(학문)	問答(문답)	東問西答(동문서답)		＊상대 반의어 : 答(대답 답)	

物 물건 물	物	物					
牛 – 총 8획	萬物(만물)	名物(명물)	生物(생물)	文物(문물)		＊상대 반의어 : 心(마음 심)	

方 모 방	方	方					
方 – 총 4획	四方(사방)	方便(방편)	方面(방면)	東方(동방)			

百 일백 백	百	百					
白 – 총 6획	百日(백일)	百年(백년)	百姓(백성)	百萬(백만)			

夫 지아비 부	夫	夫					
大 – 총 4획	農夫(농부)	人夫(인부)	夫人(부인)	工夫(공부)			

不 아닐 불/부	不	不					
一 – 총 4획	不安(불안)	不便(불편)	不動(부동)	不正(부정)			

事 일 사	事	事					
亅 – 총 8획	萬事(만사)	每事(매사)	事業(사업)	事後(사후)		＊유의어 : 業(업 업)	

算 셈 산	算	算					
竹 – 총 14획	算數(산수)	算出(산출)	計算(계산)			＊유의어 : 計(셀 계) 數(셈 수)	

❖ 다음 한자의 훈음을 알아보고 빈칸에 알맞게 쓰세요.

上 윗 상	上	上			
一 - 총 3획	上記(상기)　　上氣(상기)　　上空(상공)　　上京(상경)				*상대 반의어 : 下(아래 하)

色 빛 색	色	色			
色 - 총 6획	靑色(청색)　　白色(백색)　　色紙(색지)　　同色(동색)				

夕 저녁 석	夕	夕			
夕 - 총 3획	秋夕(추석)　　七夕(칠석)　　朝夕(조석)				*상대 반의어 : 朝(아침 조)

姓 성 성	姓	姓			
女 - 총 8획	姓名(성명)　　同姓(동성)　　百姓(백성)				

世 인간 세	世	世			
一 - 총 5획	世上(세상)　　出世(출세)　　世界(세계)				

少 적을 소	少	少			
小 - 총 4획	少年(소년)　　少女(소녀)　　老少(노소)　　多少(다소)			*상대 반의어 : 多(많을 다) 老(늙을 로)	

所 바 소	所	所			
戶 - 총 8획	所重(소중)　　山所(산소)　　場所(장소)　　便所(변소)				

手 손 수	手	手			
手 - 총 4획	手中(수중)　　名手(명수)　　木手(목수)　　手足(수족)				*상대 반의어 : 足(발 족)

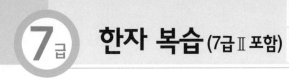
❖ 다음 한자의 훈음을 알아보고 빈칸에 알맞게 쓰세요.

數 셈 수	數	數				
攵(攴) – 총 15획	數學(수학)	算數(산수)	數年(수년)	少數(소수)		*유의어 : 計(셀 계) 算(셈 산)
市 저자 시	市	市				
巾 – 총 5획	市場(시장)	市長(시장)	市內(시내)	市民(시민)		
時 때 시	時	時				
日 – 총 10획	時間(시간)	時日(시일)	時空(시공)			
食 밥/먹을 식	食	食				
食 – 총 9획	食事(식사)	食後(식후)	外食(외식)	韓食(한식)		
植 심을 식	植	植				
木 – 총 12획	植樹(식수)	植木(식목)	植物(식물)			
心 마음 심	心	心				
心 – 총 4획	中心(중심)	人心(인심)	心氣(심기)	安心(안심)		*상대 반의어 : 物(물건 물) 身(몸 신)
安 편안 안	安	安				
宀 – 총 6획	安心(안심)	安全(안전)	便安(편안)	平安(평안)		
語 말씀 어	語	語				
言 – 총 14획	言語(언어)	語學(어학)	口語(구어)	國語(국어)		*유의어 : 言(말씀 언) 話(말씀 화)

❖ 다음 한자의 훈음을 알아보고 빈칸에 알맞게 쓰세요.

然 그럴 연	然	然					
灬(火) - 총 12획	自然(자연)　天然(천연)　空然(공연)　然後(연후)						
午 낮 오	午	午					
十 - 총 4획	午前(오전)　午後(오후)　正午(정오)						
右 오른 우	右	右					
口 - 총 5획	右便(우편)　左右(좌우)					*상대 반의어 : 左(왼 좌)	
有 있을 유	有	有					
月 - 총 6획	所有(소유)　有名(유명)　有力(유력)　國有(국유)						
育 기를 육	育	育					
肉 - 총 8획	敎育(교육)　生育(생육)						
邑 고을 읍	邑	邑					
邑 - 총 7획	邑內(읍내)　邑長(읍장)					*유의어 : 郡(고을 군)	
入 들 입	入	入					
入 - 총 2획	入口(입구)　入國(입국)　入場(입장)　入室(입실)　入學(입학)					*상대 반의어 : 出(날 출)	
自 스스로 자	自	自					
自 - 총 6획	自國(자국)　自力(자력)　自然(자연)　自白(자백)　自生(자생)						

❖ 다음 한자의 훈음을 알아보고 빈칸에 알맞게 쓰세요.

子 아들 자	子	子				
子 – 총 3획	子女(자녀)	父子(부자)	母子(모자)	男子(남자)		＊상대 반의어 : 女(계집 녀)
字 글자 자	字	字				
子 – 총 6획	文字(문자)	數字(숫자)	活字(활자)	正字(정자)		
場 마당 장	場	場				
土 – 총 12획	道場(도장)	農場(농장)	工場(공장)	入場(입장)		
電 번개 전	電	電				
雨 – 총 13획	電氣(전기)	電力(전력)	電子(전자)	電動車(전동차)		
全 온전 전	全	全				
入 – 총 6획	全國(전국)	全力(전력)	全面(전면)	全文(전문)		
前 앞 전	前	前				
ㅣ(刀) – 총 9획	前後(전후)	前方(전방)	食前(식전)	生前(생전)		＊상대 반의어 : 後(뒤 후)
正 바를 정	正	正				
止 – 총 5획	正門(정문)	正面(정면)	正直(정직)	正答(정답)		＊유의어 : 直(곧을 직)
祖 할아비 조	祖	祖				
示 – 총 10획	祖上(조상)	祖國(조국)	先祖(선조)	祖父母(조부모)		＊상대 반의어 : 孫(손자 손)

❖ 다음 한자의 훈음을 알아보고 빈칸에 알맞게 쓰세요.

足 발 족	足	足					
足 - 총 7획	手足(수족)	自足(자족)	不足(부족)			*상대 반의어 : 手(손 수)	

左 왼 좌	左	左					
工 - 총 5획	左右(좌우)	左便(좌편)	左心室(좌심실)			*상대 반의어 : 右(오른 우)	

主 주인/임금 주	主	主					
丶- 총 5획	主人(주인)	主食(주식)	自主(자주)	主動(주동)			

住 살 주	住	住					
亻(人) - 총 7획	住所(주소)	住民(주민)	安住(안주)				

重 무거울 중	重	重					
里 - 총 9획	重大(중대)	重力(중력)	重生(중생)	所重(소중)			

紙 종이 지	紙	紙					
糸 - 총 10획	紙面(지면)	白紙(백지)	色紙(색지)	答紙(답지)			

地 땅 지	地	地					
土 - 총 6획	地上(지상)	地下(지하)	地方(지방)	地中海(지중해)		*상대 반의어 : 天(하늘 천)	

直 곧을 직	直	直					
目 - 총 8획	直後(직후)	直前(직전)	正直(정직)	直立(직립)		*유의어 : 正(바를 정)	

❖ 다음 한자의 훈음을 알아보고 빈칸에 알맞게 쓰세요.

川 내 천	川	川			
巛 – 총 3획	山川(산천)　大川(대천)				*상대 반의어 : 山(메 산)
千 일천 천	千	千			
十 – 총 3획	千年(천년)　千里(천리)　千字文(천자문)				
天 하늘 천	天	天			
大 – 총 4획	天上(천상)　天國(천국)　天然(천연)　天地(천지)				*상대 반의어 : 地(땅 지)
草 풀 초	草	草			
++ (艸) – 총 10획	草木(초목)　草家(초가)　草食(초식)　花草(화초)				
村 마을 촌	村	村			
木 – 총 7획	村長(촌장)　農村(농촌)　村老(촌로)　江村(강촌)				*유의어 : 里(마을 리)
秋 가을 추	秋	秋			
禾 – 총 9획	秋夕(추석)　立秋(입추)　春秋(춘추)　春夏秋冬(춘하추동)				*상대 반의어 : 春(봄 춘)
春 봄 춘	春	春			
日 – 총 9획	立春(입춘)　靑春(청춘)				*상대 반의어 : 秋(가을 추)
出 날 출	出	出			
凵 – 총 5획	出入(출입)　出家(출가)　出國(출국)　出生(출생)				*상대 반의어 : 入(들 입)

❖ 다음 한자의 훈음을 알아보고 빈칸에 알맞게 쓰세요.

便 편할 편/똥오줌 변	便	便					
亻(人) – 총 9획	便安(편안)	便紙(편지)	小便(소변)	便所(변소)			
平 평평할 평	平	平					
干 – 총 5획	平安(평안)	平面(평면)	平地(평지)	不平(불평)			
下 아래 하	下	下					
一 – 총 3획	下校(하교)	下山(하산)	天下(천하)	地下(지하)		*상대 반의어 : 上(윗 상)	
夏 여름 하	夏	夏					
夂 – 총 10획	立夏(입하)	夏冬(하동)				*상대 반의어 : 冬(겨울 동)	
漢 한수/한나라 한	漢	漢					
氵(水) – 총 14획	漢文(한문)	漢字(한자)	漢江(한강)				
海 바다 해	海	海					
氵(水) – 총 10획	海女(해녀)	海軍(해군)	海上(해상)	海外(해외)	*상대 반의어 : 山(메 산) *유의어 : 洋(큰바다 양)		
話 말씀 화	話	話					
言 – 총 13획	電話(전화)	對話(대화)	手話(수화)			*유의어 : 言(말씀 언) 語(말씀 어)	
花 꽃 화	花	花					
⺿(艸) – 총 8획	花草(화초)	生花(생화)	國花(국화)				

❖ 다음 한자의 훈음을 알아보고 빈칸에 알맞게 쓰세요.

活 살 활	活	活					
氵(水) - 총 9획	活力(활력) 活氣(활기) 活動(활동) 生活(생활) *상대 반의어 : 死(죽을 사) *유의어 : 生(날 생)						
孝 효도 효	孝	孝					
子 - 총 7획	孝道(효도) 孝子(효자) 孝女(효녀) 不孝(불효)						
後 뒤 후	後	後					
彳 - 총 9획	後世(후세) 後面(후면) 後方(후방) 後食(후식) *상대 반의어 : 前(앞 전) 先(먼저 선)						
休 쉴 휴	休	休					
亻(人) - 총 6획	休紙(휴지) 休校(휴교) 休學(휴학) 休日(휴일)						

기출 및 예상 문제 해답

제1회 기출 및 예상 문제 (20p~23p)

❶ (1) 문병　(2) 구별　(3) 미인　(4) 개발
(5) 방화　(6) 반월　(7) 별세　(8) 미식가
(9) 발생　(10) 합반　(11) 반공　(12) 번호
(13) 발명　(14) 반대　(15) 병자

❷ (1) 나눌 반　　　　(2) 성 박
(3) 아름다울 미　　(4) 놓을 방
(5) 다를/나눌 별　　(6) 반 반
(7) 차례 번　　　　(8) 병 병
(9) 필 발　　　　　(10) 돌이킬/돌아올 반

❸ (1) 放學　(2) 班長　(3) 半萬年 (4) 別名
(5) 美女　(6) 軍番　(7) 反感　(8) 出發
(9) 病室　(10) 放心

❹ (1) ③　　(2) ①

❺ (1) ①　　(2) ③　　(3) ②

❻ (1) ④

❼ (1) ③　　(2) ②

❽ (1) 發光　(2) 問病

❾ (1) ④　　(2) ⑤　　(3) ⑩

제2회 기출 및 예상 문제 (38p~41p)

❶ (1) 교복　(2) 대리석 (3) 사명　(4) 분수
(5) 본국　(6) 사용　(7) 분명　(8) 서기
(9) 사훈　(10) 입석　(11) 사약　(12) 부분
(13) 석유　(14) 동석　(15) 독서

❷ (1) 모일 사　　　(2) 떼 부
(3) 자리 석　　　(4) 글 서
(5) 나눌 분　　　(6) 옷 복
(7) 죽을 사　　　(8) 돌 석
(9) 근본 본　　　(10) 하여금/부릴 사

❸ (1) 社長　(2) 韓服　(3) 天使　(4) 外部
(5) 書堂　(6) 根本　(7) 石工　(8) 區分
(9) 出席　(10) 生死

❹ (1) ②　　(2) ④

❺ (1) ③　　(2) ④

❻ (1) ④　　(2) ③　　(3) ①

❼ (1) ②　　(2) ④　　(3) ①

❽ (1) 外部　(2) 石工

❾ (1) ⑥　　(2) ⑪　　(3) ⑩

제3회 기출 및 예상 문제 (56p~59p)

❶ (1) 직선　(2) 자성　(3) 육성　(4) 소일
(5) 속도　(6) 광선　(7) 수립　(8) 술수
(9) 성인　(10) 후손　(11) 성장　(12) 화술
(13) 자습　(14) 성과　(15) 손녀

❷ (1) 사라질 소　　(2) 눈 설
(3) 나무 수　　　(4) 재주 술
(5) 이룰 성　　　(6) 빠를 속
(7) 익힐 습　　　(8) 손자 손
(9) 줄 선　　　　(10) 살필 성/덜 생

❸ (1) 成功　(2) 大雪　(3) 水平線 (4) 植樹
(5) 美術　(6) 高速　(7) 孫子　(8) 反省
(9) 消火　(10) 學習

❹ (1) ③

❺ (1) ①　　(2) ③　　(3) ②

❻ (1) ④　　(2) ②　　(3) ①

❼ (1) ②　　(2) ③　　(3) ④

❽ (1) 白雪　(2) 消火

❾ (1) ⑩　　(2) ⑤　　(3) ⑤

제4회 기출 및 예상 문제 (74p~77p)

❶ (1) 신문 (2) 신용 (3) 승자 (4) 시작
(5) 분야 (6) 신식 (7) 신화 (8) 시구
(9) 애인 (10) 평야 (11) 신부 (12) 명승지
(13) 실례 (14) 소신 (15) 출신

❷ (1) 비로소 시 (2) 몸 신
(3) 사랑 애 (4) 귀신 신
(5) 믿을 신 (6) 들 야
(7) 이길 승 (8) 법 식
(9) 새 신 (10) 잃을 실

❸ (1) 自信 (2) 始祖 (3) 式場 (4) 愛國歌
(5) 身分 (6) 勝利 (7) 神童 (8) 失手
(9) 新年 (10) 野球

❹ (1) ③ (2) ②

❺ (1) ③ (2) ②

❻ (1) ①

❼ (1) ① (2) ① (3) ② (4) ④

❽ (1) 新入 (2) 愛國

❾ (1) ⑩ (2) ⑦ (3) ⑥

제5회 기출 및 예상 문제 (92p~95p)

❶ (1) 영원 (2) 약초 (3) 개업 (4) 약수
(5) 온실 (6) 양식 (7) 영재 (8) 야간
(9) 양지 (10) 실언 (11) 한약 (12) 동양
(13) 사업 (14) 농약 (15) 기온

❷ (1) 볕 양 (2) 업 업
(3) 약할 약 (4) 길 영
(5) 말씀 언 (6) 약 약
(7) 따뜻할 온 (8) 꽃부리 영
(9) 큰바다 양 (10) 밤 야

❸ (1) 名藥 (2) 強弱 (3) 發言 (4) 洋服
(5) 永生 (6) 夜光 (7) 生業 (8) 英國
(9) 夕陽 (10) 溫水

❹ (1) ④ (2) ③ (3) ①

❺ (1) ② (2) ③

❻ (1) ② (2) ④ (3) ③ (4) ①

❼ (1) ② (2) ④

❽ (1) 永住 (2) 分業

❾ (1) ⑧ (2) ③ (3) ③